新装版

読むだけでやる気になる
元気セラピー

大谷 由里子

ロング新書

はじめに

自分を見失うのは簡単。

心の元気なんてすぐに失ってしまう。

二二歳で新入社員として吉本興業という会社に入社したわたしの仕事は、まず芸人さんのモチベーションを上げることだった。

そのためにも、プラス言葉を使うことが重要だった。

「できます」

「楽しいですね」

「なんとかなりますよ」

そんな言葉を良く使っていた。言葉は「言霊」。使っている自分で自分が元気になっていたことが、今なら分かる。

それだけでなく、

「仕事大変だね」

と、取引先に言われた時にわたしの上司は、

「『大変』は、『大きく変わる』と書くやろ。君が大きく変わるためのチャンスをもらっているんだ」

と、言った。人間の脳って不思議。

「そうなんだ」

と、思うと「大変」な仕事も楽しくなってきた。


けれど、二五歳で結婚退社したわたしは、子育てに追われているうちにプラス言葉を忘れて、文句を言うだけの主婦になってしまった。

結果、ささいな夫婦げんかがきっかけで二七歳で起業というものをした。
起業したわたしに、吉本興業の先輩から仕事の依頼がきた。
それが、ナインティナインなどの新人を売り出すプロジェクトだった。
担当していたタレントが売れ始めると同時に怒涛の日々が始まった。

「忙しい」という字は、「こころを亡くす」と書く。まさに多忙な日々は、わたしの「こころを亡くす」日々となった。

子供には当たり、夫とは毎日けんか。部下に対しても、できてないことを責める日々。毎日イライラしていた。

自分のこころの中がわからなくて、お酒を飲んで気を紛らわせたり、朝まで友人とバカ騒ぎをしたり。子育ても家事も放棄。人なんて簡単に自分を見失う。今から思えば完全に壊れていた。

そこに起こったのが阪神淡路大震災。あの一日を境に、

「昨日は今日を保証するものじゃない。今日は明日を保証するものじゃない」

ことを思い知らされた。

震災から数日後、連絡のつかないお客さんのところまで歩いて行った。その時見た光景は、たった数メートルの道を隔てて亡くなった人と生き残った人がいる光景だった。初めて自分と向かい合った。

「なぜ、こっちの人は、死ななきゃいけなかったのだろう。なぜ、こっちの人は生き残ったのだろうか」

そんなことを考えた。だから、わたしは、必ず講演や研修でこう言う。

「みなさんが何げなく生きている今日は、誰かが生きたかった一日かもしれない。今過ごしている時間は、誰かが過ごしたかった数時間かもしれない。だから、人生と時間を無駄にしないで」

そして神戸の町を歩くわたしの頭に浮かんだ言葉が「**使命**」、「**命の使い方**」だった。

「わたしは、何に命を使って生きて行くのだろう」

「今日、何かあっても後悔しない生き方って何なんだろう」

「生きて行く中で大切なものは何だろう」

考えて考えて、考えた。

その時、出てきた言葉が「**ココロの元気**」だった。


「自分の心が元気じゃないのに人の幸せを祈れない」

「自分の心が元気じゃないのに人の幸せを素直に喜べない」

「何より自分の心が元気じゃないのに、会社や地域や国のことなんて本気で考えることなんてできない」


じゃあ、どうすれば「ココロの元気」をつくることができるのか。

気合と根性で「元気を出せ！」と言って出るなら苦労はしない。またそんな時代じゃないことは確か。いったい、元気な人と元気でない人は何が違うのか。また「元気」とは何なのか。

いろいろな講演を聞いたり、勉強会に行ったりしてみた。そこで心理学やコーチングという手法にも出会った。

「ココロの仕組み」があることを初めて知った。

「こうしなさい」は、「ティーチ」で、「あなたは何をしたいの」と引き出していくのが「コーチ」の技術だと知った。この「ココロの仕組み」と「コーチング」の技術で自分自身や人を元気にすることができるということを知った。

亡くなった父と、弟二人は医者。患者さんを元気にすることに情熱を燃やしている。そして、患者さんから尊敬され感謝されている。そんな家族に対してわたしはコンプレックスを持って生きてきた。まさにコーチングとの出会いは

「わたしも人を元気にすることができるかも」と、思える入り口だった。

早速、飽きさせない工夫をして人が元気になる研修や講演を始めた。

ありがたいことに日本全国から仕事をいただけるようになった。何よりも自分の会社が目に見えて良くなっていった。

四〇歳を手前に二七歳の時に立ち上げた会社を後輩に譲った。

わたしは、「研修」や講演を通して「ココロの元気」をつくり続ける道を選んだ。


そんなわたしにＫＫロングセラーズさんが、『元気セラピー』を書くチャンスをくださった。ありがたいことに二〇〇五年からロングセラーとなって、多くの読者の方との出会いに恵まれている。

そして、ふたたび、常務の真船壮介さん、編集長の富田志乃さんの力をお借りして新装版としてお届けできる運びとなった。この本を置いてくださる書店さん、この本を手に取ってくださった方、ＫＫロングセラーズの皆さんには感謝しかないです。本当にありがとうございます。

大谷由里子

元気セラピー／もくじ

第2章 開き直ってみよう

第3章 夢を持つ、夢を語る、夢を聞く

第4章 生きているだけでまるもうけ

第5章 自分のことをちゃんと愛してあげよう

第6章 元気の素は、やっぱり「人」

第7章 ヤル気が満ちる日常生活

本文イラスト・成瀬 瞳
山富士パパコ

第1章

背筋を伸ばして上を向こう

元気になるって簡単！

ちょっと、体を動かしてみるだけで元気になれることもある。悶々と悩んでいる時こそ、気分転換に体を動かしてみるといい。背筋を伸ばして上を向いて大きく伸びをしてみるだけで、何となく元気になる。もっといいのは、青空などを見ながらやると、さらにパワーアップする。

わたしは、ホテルなどで、朝目覚めて晴れていると、必ず思いっきり背筋を伸ばして上を向いて伸びをする。それだけで、一日元気になれそうな気がする。

毎日、ご機嫌でいるのは難しい。仕事が溜まってきたり、人間関係で悩んだりと、嫌なことは日々起こる。そんな時に少しだけ気分転換して、気持ちを切り替えてみる。一瞬でもいいから自分でさわやかな瞬間を作ろう。

このとき気をつけたいのは、感情を無理に変えようとせずに、少しだけ行動を変えて、元気になること。感情を変えるより、行動を変える方がずっとやさしいのだ。

背筋を伸ばすって、とてもいい。

何となく、前向きな気持ちになれる。上を向くと前向きな気分になれる。笑う時、人は必ず上向きになる。上を向くだけでも前向きな気分になれる人は、たくさんいる。悲しい時、つらい時、だまされたと思って、できるだけきれいな場所、さわやかな場所で背筋を伸ばして上を向いてみて。ちょっとだけでも、絶対に気分は変わる。

わたしも、この姿勢をしたら元気になれる気がする。ただし、背筋を伸ばして上を向くというのはあくまでもわたしのやり方で、「このほうがもっといい」という行動があれば、ぜひ考え出してみてほしい。そんな姿勢を自分で作り出せたら最高ではないか。

★体の中心をまっすぐに整えれば、気持ちもまっすぐ前を向く。

今のあなた、元気ですか

自分が元気がなくなるとどうなるのか……。

このことを、元気な時にこそ、しっかりと考えておきたい。すると、

「あっ、わたし、今、元気がなくなってる」

ということがわかる。そうなれば、

「ゆっくりしようかなあ」

「気分転換してみよう」

などと、手を打つことができるではないか。

自分の元気がなくなっていることに気づかず、無理をしようとするから、余計に元気がなくなったり、反動がきて病気になってしまったりする。元気がなくなっている

ことをキャッチすることは、心の危険信号をきちんと受け止める力を持つこと。そのためにも、元気がない状態を普段から知っておこう。

心の元気がなくなった時、人によって取る行動は違う。

友人の一人は、つい、食べ過ぎてしまうらしいし、また別の友人は、何もする気がなくなってポーっとしてしまうらしい。わたしの場合は、投げやりになる。今は、それがちゃんとわかっているから、投げやりになりそうになると、

「あっ、わたし、心の元気がなくなっている」

と自覚して、重要なことの判断はしないことにしている。そして、できるだけ、休息を取って、まず、心の元気を取り戻すことをするようにしている。

だけど、かつてのわたしは、自分が心の元気がなくなっていることもわからず、思いっきり投げやりになって、大切なものをいっぱい失ってしまった。自分の心の元気がなくなっていることを気付かないのは、本当に危険。

その時のわたしは、仕事にも人間関係にも行き詰まっていた。そして、心の元気は完全になくなっていたのに、そんなことも気付かずに、「どうでもいいや」と投げやり人生を驀進した。

その結果、夫も子供も放りっぱなし。部下とも仲間ともぶつかって、完全に孤立状態だった。そんなわたしを救ってくれたのは、夫の

「愛してる」

の一言だったし、友人の

「大谷さんらしくしていたらいいよ」

の言葉だった。

そんな経験をしたからこそ、今のわたしは、心の危険信号をキャッチすることの大切さをみんなに訴えたい。

自分の心から元気がなくなったらどうなるかを、きちんと知っておこう。

★心の危機管理は、自分の責任。日頃からセンサーのお手入れは怠らずに。

心の元気が満ちてくると幸せな気分になれる

自分の心が元気になったら、どんなことが起こるのだろうか？

「元気」とは、声が大きいとか、張り切っているとか、モチベーションが高いということではない。「気を元に戻す」。つまり、本来の自分に戻って、自分らしくおだやかにイキイキと生きている状態である。心が充実していて、日々をちゃんと楽しめる状態である。

わたしが、なぜ、「心の元気」「心の元気」といつも言っているのか。

二五年前の日本は、平均年齢が三〇歳代の国で、放っておいてもいくらでも元気だった。ところが今の平均年齢は五〇歳に手が届く国になっている。

研修を通して人材育成を仕事にしているわたしたちは、この現実がもたらす変化に前から気付いていた。心の元気な人を一人でも多く世に出して、本気でこれからの人たちを育てようと思わなければ、この国は衰退していくしかない。

これだけは、はっきりしている。自分の心が元気でないのに、本気で他人の面倒なんて見ることはできない。自分の心が元気でないのに、本気で人の幸せを願うことなんてできないではないか。

心が元気になるとどうなるか。心に余裕が出てくるから、いろんなことを認められる。いろんなことを認められると、自分のキャパシティが増えてくる。自分のキャパシティが増えると、心に余裕が出てきて、ますます心が元気になる。

そんな人が増えると、絶対に地域も国も元気になるはず。この循環を作りたいから、「心の元気が必要」なのだ。

そして心の元気が満ちてくると何より、自分自身が幸せになるからだ。

★自分のまわりに「元気の循環」ができる。

元気の素は素直になれる自分がいるということ

元気の素は、「素直になれる自分がいるか、いないか」である。

素直というのは、何でも人の言うことをきくことじゃない。いろんな人の話を聞けるかどうかである。

いろんな人の話を聞けると自分のキャパシティが広がる。自分のキャパシティが広がると、いろんな考え方を受け止めることができて、心に余裕が出てくる。自分の心に余裕が出てくるからこそ、元気でいられる日が多くなる。

それに、自分のキャパシティが広がるとそれだけたくさんの情報も人も集まるから人生が楽しくなる。人生が楽しくなると、やっぱり元気でいる日がそれだけ増える。

ただ、素直になれるだけで、これだけ元気になれる日が増えるのだ。

だけど、自分では素直だと思っていても、人から素直に見えない人もいれば、素直ってどういうことかわからない人もいる。自分が素直かどうかわからない人もいる。


そこで、素直に見える方法と素直になる方法をひとつ。

まず、何でもうなずくこと。

これだけで、誰でも素直に見えるし、これを繰り返しているうちに誰でも素直になれる。不思議なもので、素直に見せてるうちにいくらでも素直になれてしまうのだ。

その中で、「どうしても、この人は、嫌いだ」という人がいたら、「嫌い」ということに素直になればいい。無理してその人といるからしんどいわけで、できるだけ、一緒にいる時間を減らす工夫に力を注ぐほうがいい。


うなずくことに徹していると、その人が嫌いか好きかもはっきりしてくる。なぜかというと、嫌いな人を我慢するのは、かなりの苦痛なのに、好きな人だと我慢できるというのがよくわかるから。

うなずくことを意識するだけで、受け入れようとする自分に巡り会える。そうすれば、一歩ずつ素直になれる自分に近づく。

ある上場企業の元社長に言われた。

「ビジネスで成功する人は、僕が見る限りでは、みんな素直だよ。素直だから、柔軟に対応できるし、人望も厚くなれるんだよね」

まずは、うなずいて、元気になろう！

★他人に素直に、そして、自分の心に素直になろう。

とにかく出そうよ、いろいろなものを

「精を出す」「お金を出す」「知恵を出す」「学校を出す」など、「出す」と言う言葉はすごく前向きである。そして、「元気を出す」もやはり、「出す」である。

わたしは、この「出す」という言葉にすごくこだわってきた。自分の人生を振り返っても、「自分の中のものを出す」ということを常に気にしてきた。

そんな話をした時に、友人の健康アドバイザーの女性が言った。

「そうよ。健康だって、『出す』ことが、すごく大切なのよ。きれいな話じゃないけど、うんこにしてもおしっこにしても『出る』ことは、そんなに心配しなくてもいいけど、『出ない』ことが大変なのよ。特に年を取って新陳代謝が悪くなると、ほんと出なくなるんだから」

それを聞いて、「なるほど」と、思った。また別の友人が言った。

「日本語を考えたらわかるでしょ。『出入り口』って言うでしょ。『出す』ほうが先に来るの。そのくらい『出す』ほうが大切なの」

思わず、「なるほど」と、感心した。

そう言われて考えてみると、「出す」って、すごいことに思えてきた。実際、子供を生んで、その後、初めて、おしっこを出すことがどれだけ大変だったか。盲腸をしたわたしの友人が、初めておならが出た感動を話してくれたことを振り返ってもそうである。確かに、「出す」って、気持ちがいい。つまり、人は、「出す」時に元気になっていたわけである。

まして、「力を出しきる」なんて言葉になると感動である。オリンピックを見ていると、すごく選手がカッコ良く見えるのは、「出しきっている」姿だからである。「出す」から生き生きしたり、元気になったりする。だから、「出す」ことには、とことんこだわっていきたい。

わたしがいつも元気である理由も、実はそこにある。

わたしは、能力もそんなにないし、別に自分が特別な人間だとも思っていない。だけど、元気で人生が心底楽しいのは、常に「出し切っている」から。恋愛にしても仕事にしても、精一杯出している。だからこそ、すごく楽しい。

元気になるってそんなに難しいことじゃない。要するに「出す」ことにこだわればいい。

★自分が「出しきっているか」、いつもチェックを欠かさずに。

行動を変えてみよう！

ここ数年、こんな言葉をよく耳にするようになった。

「このままでいいのだろうか」

「このまま年老いて死ぬのは嫌」

「でも、新しいことをする勇気がない」

そんな人たちにわたしはまず尋ねる。

「未来を変えたい？　それとも変えたくない？」

この質問が大切だと思っている。そして、本人が「変えたい」と本気で思わないかぎりは、わたしが何を言っても意味がない。

「やっぱり、変えたい」

という言葉が出てきたら、はっきり言う。

「もし、未来を変えたいなら、今の行動か環境を変えるしかないよ」

当たり前のことだけれど、それしかない。けれど、「そうだよね」と気づいてくれた人は、必ず動き出す。

ずっと親と暮らしていて、父親と言い合いばかりしていた女性は、一人暮らしを始めた。結果、彼氏ができて結婚した。今は、父親にも優しく接することができるようになったらしい。

会社の愚痴ばかり言っていた女性は、英語を習い始めた。そこで知り合った新しい友人たちとの会話は、今まで会社の仲間としていた会話と全く違った。会社では上司や会社の悪口ばかり言っていたけれど、英会話スクールで知り合ったら友人たちは未来や自分たちがやりたいことを語る。そんな仲間に感化されて、他のセミナーなどにも行くようになった。すると、会話の幅が増えて、会社の中の男性との会話も楽しくなってきたらしい。

上司に楯突いて降格人事になった男性。常に「会社を辞めたい」とぼやいていた。「どうせ辞めるなら」と、動画編集や企画の副業を始めた。これが時流に乗って結構稼げた。お金が入ってくると懐に余裕ができる。懐に余裕ができると心にも余裕ができた。会社のことなんてどうでもよくなった。

上司に楯突くのもめんどくさくなって

「そうですね」

と、賛同していた。すると、出世した。

「なんか、変な気持ちです」

と、彼は、笑っている。

習い事を始めてもいいし、今まで読まなかったジャンルの本を読んでもいい。YouTubeで新しい情報を取りに行ってもいい。

変えられる行動なんて無限にある。
けれど、その行動が考え方を変えたり、人間関係を変えて未来を変えてくれる。
この機会に変えられる行動をぜひ考えてみてください。

★未来を変えたいなら、今の行動か環境を変えるしかない。

自分の未来に
どんどん明るい色をつけよう

今日の自分はどんな色だろう?

と、意識して、色を感じてみたことはあるだろうか。

わたしの友人の一人が、

「ほんとはね、大谷さんと出会う前のわたしって、灰色だったの。でも、大谷さんに出会って、だんだん、人生がピンクになってきたの。

これからは、もっと、もっと、いろんな明るい色を感じられる自分になりたいなあ」

と、言ってくれた。確かに色って、心のバロメーターのひとつだと、思った。

そこで、実際にいろんなカラーカウンセラーの話を聞いてみた。すると、おもしろいことがわかった。彼らが一様に言うには、

「無理に明るい色をイメージすることで、心を明るくすることができる」らしいのだ。言われてみれば、ピンクやグリーンを想像するだけで、何となく楽しい気分になってくるではないか。

そんな話をしていると、行動心理学を勉強中の別の友人が、色彩で、自分を元気にする方法をひとつ教えてくれた。実際にやってみよう。

まず、頭の中に二つ、過去の体験を思い浮かべてみて欲しい。

Ⓐ今までで一番楽しかった思い出……………………
〈カラーで〉

Ⓑ今までで一番つらかった思い出……………………
〈モノクロで〉

このうち、Ⓐは、カラーで思い描く。Ⓑは、モノクロで思い描く。

なぜなら、色がつくと、より主観的になれ、モノクロにすると、より客観的になれるからだ。

楽しい思い出に、色をつけると、自分にとって楽しい色がいっぱい出てくる。楽しい色がいっぱい出てくると、今度は、自分の未来に色をつけてみるのだ。

友人の話を聞いて、単純な私はものすごく納得した。もしも、あなたが、比較的単純な人なら、

「明日のわたしは、ピンクにするぞー」

と、思うだけで、何となくワクワクするはず。未来に色をつけるだけで、明るくなれるなら、儲けものじゃないか。

せっかくだから、どんどん、自分の未来に明るい色をつけたらいい。

毎朝、起きたら、

「今日は、どんな色にしようかなあ」

と、楽しく、自分に色をつけよう。

★この色は自分の元気の色、というものを見つけてみよう。

元気になる言葉を使おう！

言葉は魔物。暗い言葉ばかり使っていると、人生が本当に暗くなる。逆に明るい言葉ばかり使っていると、人生も明るくなってくる。

実際、わたしの周囲を見ていても、「ついてない」なんて言葉ばかり使っているメンバーは、ほんとについてない人生になってくるし、「ついてるね」という言葉ばかり使っているメンバーの周囲は、ほんとについてるように見える。

だからこそ、敢えて、元気になる言葉を使ってみよう。せっかくだから、ここで、自分が使う時元気になりそうな言葉を一〇個くらい考えてみよう。元気になる言葉こそ、たくさん持っていればいるほどいい。

〈あなたが元気になる言葉〉

❶

❷

❸

❹

❺

❻

❼

❽

❾

❿

そして、明日からできるだけこれらの言葉を使うように意識する。

「ステキ」
「ラッキー」
「ありがとう」

たとえば、こんなふうに使うと元気になりそうな言葉たちを考えてみよう。

なぜ、自分がその言葉を使うだけで元気になれるのだろうか。それは、言葉というものが、シチュエーションを運んでくるからなのだ。

「こんな言葉を使いたい」と、思っていると、不思議と、そんなシチュエーションになって行く。これを社会心理学で、ソーシャルリアリティという。

ソーシャルリアリティとは、「人が思い描くものが、形になって行く」という考え方。事実、「空を飛びたい」と考えていると飛行機を作り出したし、「ものを切るものが欲しい」と考えていたらはさみを作り出した。人間の歴史では、こんなふうに「思い描く」ものが事実になってきたのだ。

元気になれる言葉を使うシチュエーションを考え続けていると、必ずそのシチュエーションになるはずである。

わたしは、絶対、毎日、「ありがとう」と言いたいと思ってきた。だって、「ありがとう」を言えるということは、誰かに何かしてもらっているわけで、それが毎日あったら、こんなにうれしくて幸せなことはないではないか。だから、わたしは「ありがとう」と言う。そう言える自分は、元気で幸せなはずである。

不思議なもので、今、わたしは、必ず毎日誰かに「ありがとう」を言っている。つまり、「ありがとう」と言うシチュエーションが必ず毎日ある。

こんなふうに、使うと元気になれる言葉が、あなたにもきっとあるはずだ。それをちゃんと見つけ出し、意識して使おう。

★思い描いたことを、きちんと言葉に出してみよう。

私の月曜日

　起きたのは九時。最強寒波のため寒い。布団から出るの嫌。毎朝、自分との戦い。

　講演や研修など外の仕事が無い時は、あえて午前中に打ち合わせなどのアポを入れることにしている。

　本日は、一一時の約束だから一〇時には会社に行って、資料の整理とかもやっておきたい。

「起きるぞ!!」

　気合いを入れる。ありがたいことに夫が先に起きてお風呂のお湯を張っておいてくれた。お風呂に入って、フルーツを食べて、出社する。自宅から会社まで徒歩三分。会社と自宅が近いのは、とってもありがたい。会社でコーヒーを飲みながら、メールチェック。一一時に「短時間で成果が上がるコーチングと会議」などの著者、沖本るり子さんがやってきた。お互いの近況報告とお互いに協力できることなどのすり合わせ。

　せっかくなんで、二人でランチ。その後、

ありがたい
ありがたい
よっしゃ
気合いや−！
100冊
沖本るい子さんと
打合わせのあと、ランチ

会社に戻って、「講演依頼.com」というサイトの中にある「講師の心」の原稿を執筆。この連載、一〇年以上も書かせてもらっている。ほんと、ありがたい。

　原稿を書いていると、わたしの著書のひとつ、「また会いたい人になる」が一〇〇冊届いた。お客さんにサインをして送ることになっている。

「ありがたい。ありがたい。よっしゃ、気合いや！」

　と、叫んでひたすらサイン。一〇〇冊サインが終わった時の達成感は、結構、なんとも言えない。

　窓の外を見ると吹雪き出した。

「雪で、スタッフが帰れなくなったら困る」

と、夕方四時で会社を終了。わたしも五時に会社を出た。会社と自宅の間にありがたいことにスーパーがある。寒いから鍋の用意を買って帰った。明日までに雪が止むことを祈って、夫婦で晩ご飯。

第2章

開き直ってみよう

「開き直って何が悪い」と開き直ろう

「ほんと、関西人は、元気やね」
と、よく言われる。べつに関西人だから元気なわけじゃない。きっと、開き直りの文化があるから元気なわけである。開き直りは、決して悪いことじゃない。開き直るということは、実は究極の「視点を変える」行動なのである。

なぜ、関西人が開き直れるのか……。おそらく、商業の町だったからだと私は思う。自分で商売をしていると、必ずどうにもならない壁にぶつかる。かつては商売に補助金などというありがたい制度はなかった。「売り上げがあがらない」壁にぶつかった時は、その商売をやめるか、変えるしかなかったのだ。要するに開き直るしかなかったわけである。

「どうしよう」

と、結果ばかり気にとめて、ぐちぐち言っているから元気がなくなる。結果を触っても、その場しのぎだけで、解決にならないことは多い。ほころびを直しても、また新しい場所がほころぶだけということはよくある。駄目なものは、駄目だと受け止めて開き直る。これが、関西人のしたたかさを育ててきたんだと思う。

かつて、わたしは、仕事と家庭の間でどうにもならなかった。

中小企業の社長であったわたしの責任は重い。かといって、小さな子供を放っておくことは、夫にもわたしの家族からも責められた。当然のことながら毎日、夫婦喧嘩。どうしていいかわからなくて、泣いてばかりいた。

そんなある日、わたしに開き直りのスイッチが入った。

なんとか、その場をしのぐことばかり考えていたわたしが、「離婚されたら、合コンして、またいい男性でも見つければいい」と、考えるようになった。

悩んでばかりいるより結果を受け止めて、前向きに生きるほうを選ぼうと思った。離婚されたら、新しいパートナーを探せばいいじゃないか。悩む時間がもったいない。悩む暇があったら「明日何するか」を考えるようにしようと思っている。

開き直りは、結果を受け止め、気分を切り替えて新しい生き方を見つけることである。行き詰まった時こそ、事実を受け止めて、まったく違う角度から考えてみてはどうだろう。それが元気を取り戻す秘訣。

★行き詰まったときこそ、新展開のチャンスであると考えよう。

ゴチャゴチャ考えずに、とにかく寝てスッキリしよう

友人が、ある時期、好きになってはいけない人を好きになってしまった。

毎日、つらくてつらくて、泣いてばかりいたという。どうにもならなくて、せつなくて、寂しかったらしい。

わたしは、彼に聞いた。

「どうやって、その中から立ち直ったの？」

彼の返事は意外なものだった。

「とにかく、毎日、つらくてさ。どうしようもないから、できるだけ寝てた。で、寝てばかりいたら、いつのまにか、ふっきれていた」

思わず、笑った。

わたしは、よく、祖父母から戦時中の話を聞かされた。お腹がすいても食べ物がないつらさを聞かされた。

「それで、どうしたの?」

と聞くと、祖父母の答えは、

「つらいから、布団にくるまって、できるだけ寝てた」

という返事が返ってきた。

「寝てた?」

幼かったその時のわたしには、不思議な答えだった。嫁・姑でよくもめていたわたしの母親が言った。

「つらい時は、何も考えずに熱いお風呂に入って寝るのが一番」。


寝ることができるって、すごく幸せなことだ。ぐっすり眠るだけで気分が変わることだっていっぱいある。

わたしの人生もいろんなことがあった。大好きな友人に去って行かれたこともあっ

たし、仕事がうまく行かないこともいっぱいあった。そんな時、できるだけ、

「とにかく寝て、明日、ゆっくり考えよう」

と思うようにしてきた。寝ることができる間は、まだまだ元気が残っている証拠。寝ることができるのなら、とにかく寝よう。そして、スッキリした頭で問題をゆっくり考えたほうがいい。

娘が三歳の時、肺炎で入院した。仕事も山積みだったわたしは、ほとんどパニック状態だった。病院から帰ってきてぐったりしているわたしに、夫は言った。

「とにかく、今日はゆっくり寝て休めよ」

その言葉が、何よりもうれしかったのをわたしは覚えている。だから、わたしは、「つらい」「悲しい」「しんどい」の相談を受けた時には、必ず、

「一回、ゆっくり寝てから、もう一回わたしに相談して」

と言うようにしている。大抵は、それで落ち着く。

★悩みも一晩熟成させれば、勝手に落ち着きどころを見つけてくれる。

見栄をはっていいことなんかなにもない

不思議だけれど、人間、うまく行ってる時は、見栄なんてはらない。それどころか、

「会社、うまく行ってますね」

なんて言われても、

「みなさんのおかげです」

とか謙遜したり、素直に感謝の言葉が出てきたりする。

だけど、うまく行かない時にかぎって、見栄をはったり、無理をしたりして、よけいによくない状況を作ってしまう。すると、それを取り繕おうとして、また要らない見栄をはる。さらに事態は悪くなる。

こうなると最悪。元気もどんどんなくなっていく。まさに、自分を正当化すること

に変なエネルギーを使っている状態である。そうならないためにも、無理して見栄をはることにエネルギーを使わないでおこう。

だけど、人間って、なかなか自分が無理して見栄をはっていることに気が付かなかったりする。大切なのは、見栄をはっている自分に素早く気付いて、自分の心の元気を取り戻すことである。見栄をはっているかはっていないかを気付く方法は簡単。以下の三つの状態が、自分にあてはまっていないかを素直に答えてみればいい。

★誰かに嫉妬しているような気がする
★素直に他人の幸せが喜べない自分がいる
★何となく不安

まったく、どれもあてはまらない人は、とっても幸せ。心の元気も満タンなはず。

だけど、大抵の人は、どれかを感じてるはず。

大切なのは、そんな気分のもやもやとちゃんと向かい合うこと。

★誰に嫉妬しているんだろ？　なんで、嫉妬しちゃうんだろ？
★どうして、素直に喜べないのかなあ？
★なんで不安なんだろ？

これを問い詰めると、自分の心の隙間がわかる。そしたら、そこと向かい合えばいい。

「ほんとは、わたし、これが手に入れたかった」とか
「ほんとは、これを失いたくないんだ」

と、はっきりしたら、そこに集中すればいい。

つまらない見栄をはっている暇なんてなくなる。欲しいもの、失いたいものがわからないから、心の隙間を埋めようとして、つまらない見栄をはってしまうんだということを知っていればいい。

★見栄をはっている自分に気づいたら、すぐに軌道修正。

悪いことこそオープンにして隠さない

離婚した。子供が受験で失敗した。何年も付き合っていた恋人と別れた。たしかにつらい。だけど、これらのことは、隠せば隠すほど不必要な詮索をされるし、自分もどんどん言い出しにくくなる。

もちろん、身内の事故死など、あまりにも重い不運に襲われたとき、それを笑いにすることはできない。だけど、不幸は、笑いに変えることができる。少しだけ勇気を出して口にしてしまえば、心が軽くなることって、結構多い。

新聞社と組んで、一泊二日の自分探しの合宿研修をしたときのこと。

最初に自己紹介を兼ねて参加動機を聞いた。すると、一人の女性が、

「一六年間、付き合った彼と別れたから、立ち直ろうと思ってこの研修に参加しました」

と、言った。言ってしまって、少し気分がましになったのか、彼女は、研修の間中、ずっと、

「ほんと、一六年は永いよー」

とか、

「一六年前は、若かったのに」

などと、いつのまにかネタにしてしまっていた。結果、他の参加者には、

「で、何で別れたの?」

などなど質問攻め。それに一つひとつ答えていくうちに、彼女は、

「まだ、傷は癒えないけど、前向きにやって行くきっかけをもらいました」

と、言えるまでになった。

主宰するリーダーズカレッジでは、なぜか、初対面で、学歴や職業の話にならずに不幸自慢になる。

「昨年、離婚したんです」

「今、失業中です」

絶対に傷ついているはずだし、つらかったはずなのに、先に口に出すことによって軽くなるのか、お互いの不幸自慢を聞いて安心するのか、その後、結構みんな仲良くなる。

もっとも、大切なのは聞き役で、誰もそこで、

「大変ね」

なんて言わない。

「また、結婚の楽しみができたね」

とか、

「次は、どんな仕事したいの？」

など、前向きな切り返しをしてくれる。こんな聞き役がいるほうが、気分が変わっ

てもっといい。

離婚や受験の失敗などの不幸に見舞われたら、本人もつらいけれど、家族がそれを隠して腫れ物に触るようにされると、もっとつらくなることも多い。土足で踏み込むように言いふらされるのもつらいけれど、ひたすら隠されると、自分を否定されているような気がするのだ。

だったら、いっそのこと隠さずにオープンにして、楽しく癒して解決する糸口を見つけるようにしよう。

隠すから元気がなくなる。オープンにして、元気になるきっかけを探そう。

★下手に絆創膏を貼るから膿《うみ》になる。
風にさらして早いとこ乾かしてしまおう。

期待するのは一人につき一つだけ、あとはおまけに

期待するからイライラして、元気がなくなることがよくある。

特に、一人の人間にいろいろと期待すると、

「なんで、期待に答えてくれないの！」

と、腹が立ったり、落ち込んだりする。自分の周囲の人五人を思い浮かべて、その人に一番期待することを考えてみよう。


当時わたしも、子供が勉強しない、いうことをきかない、とイライラばかりしていた。

そんな中で、関西では、神戸の酒鬼薔薇の事件、大阪の教育大付属池田小学校、奈

良の幼女誘拐殺人事件と、子供を巻き込んだ物騒な事件が続いていた。気が滅入るようなニュースばかり見ていると、やはり親として考えてしまう。

子供が無事に元気に生きていることよりも大切なことなんてない。娘に対しては、すくすくと成長してくれることだけを望むことにした。

夫にも、期待するのは、家庭での優しさだけ。仕事の話を聞いて欲しいとか、仕事を理解して欲しいなんて望むのはやめた。

そして、

「とにかく、家では、わたしに優しくして」と、宣言したのだ。

プライベートも、仕事をしている自分も受け止めてもらおうと思うからしんどくなる。

お互いにひとつだけしか望まないでいれば、何か他のことをやってもらったときに、「こんなことやってくれたんだ‼」と、うれしくなる。

得した気分になれる。

イライラしないから、元気を続けることができる。


仕事の話や、素敵な遊びは、別の友人や仲間に望むようにしている。

たとえば、おしゃれな店を見つけた時に行く相手を三人、仕事の話を聞いてもらえる相手を三人ほどもキープできれば、かなり人生が充実してくる。

そして、グチを聞いてくれる友人がそこに三人ほど加われば、もっと良い。

明確にするために、それぞれの相手に、「わたしは、あなたに○○を一番期待しているの」と、あらかじめ言っておくと、お互いの役割がはっきりする分、もっと良い。

一番に期待することさえはっきりしていたら、後は、全ておまけだと思えばいい。

おまけがいっぱいだったらうれしいし、楽しくなる。

自分が元気でいるためには、一人の相手に多くを望まないこと。

〈誰に？〉　〈一番期待すること〉

❶（　　　　）（　　　　）

❷（　　　　）（　　　　）

❸（　　　　）（　　　　）

❹（　　　　）（　　　　）

❺（　　　　）（　　　　）

★自分も、相手の過大な期待すべてに応えようとするあまり、消耗しないように。

目先を変えるだけで人生がひらける

難しい精神論の本を読むよりも、ちょっとしたことで気持ちが切り替わることも結構ある。最近なら、ネットサーフィンもそのひとつ。ありがたいことに良くも悪くもネットの中には情報が溢れている。そんな情報を見ているうちに新しい世界が見えたり、新しい気付きがあって、新しい行動に結び付くこともある。

人気カウンセラーの一人の男性の話。彼は、バンドを組んでいた。

「このバンドで成功してみせる！」

と、夢を追いかけていたけれど、バンド仲間同士が揉めて解散になった。夢も破れて、「生きていても仕方ない」「死のう」と、思ったらしい。そして死に方を探してネットを見ていた。そんな彼の目に留まったのが一つのホームページだった。そこには、こう書かれていた。

「死ぬ前に一度インドに行け」

「そういえばインドに行ったことないなあ。どうせ死ぬなら一度インドに行ってみよう」

と、彼はインドに行った。乗った飛行機が遅れて夜中に着いた。必死でホテルを探した。とこがそのホテルでいきなりぼったくられたらしい。怒っても埒が明かない。仕方なく言われた値段で泊まった。

次の日は、次の日で、いろんな人が声をかけてくる。ほとんどが物乞いやストリートチルドレンで、彼は、自分の持ち物とお金を守るのに必死だった。そして、気がついた。

「あれっ。僕は、死ぬことを考えていたのに、今、必死で生きることを考えている」

彼は、日本に帰ってきて心理学などを勉強してカウンセラーになった。

また、ある女性は、夫が別の女性と恋愛して離婚された。辛くて辛くて、死ぬことも考えた。やはり、ネットサーフィンをしているうちに、同じ境遇の女性たちのブログを見つけた。

「夫の浮気を知った」

「夫を妹に盗られた」

など自分よりひどい体験がいっぱいあった。ところが、それにも負けずに体験談を書いて、広告を貼り付けてお金を稼ごうとしている。なんか、一人で落ち込んでいる自分がバカバカしくなった。彼女は、気分転換に就職活動を始めた。いろんな会社のサイトを見ているうちに、

「へー、こんな会社もあるんだ」

と、なんか楽しくなってきた。今、彼女は、仕事をしているだけでなく、新しい彼も見つけて人生を楽しんでいる。

「自分を見つめ直せ」

「感謝の気持ちを持つと人生がひらける」

などの精神論も大切だけれど、ちょっと、目先を変えてみるだけで、人生がひらけることもたくさんある。そして、ありがたいことに今の日本には、悪い情報も溢れているけれど、楽しい情報も溢れている。

★楽しい情報を見ることで新しい気付きや行動に結び付くこともある

三菱重工さん
いろんなプロジェクトを紹介してもらう
ぜったい沈まない
船を造る!!
櫻田毅さんの話を思い出した

本日は、東京・品川の三菱重工さんの本社でモチベーションマネジメントとメンタルヘルスの講演会。講演会の前にどんな商品をつくっているのかショールームを見せてくださると言うので朝からワクワク。

ロケット、船、飛行機、いろんなプロジェクトの紹介をしてもらって、模型なども見せていただきました。とにかく、ものづくりの現場が大好き。そういえば、講師仲間に元三菱造船で働いていて、「逆転思考マネジメント」などの著者、櫻田毅さんがいる。彼は、学生時代、造船所でアルバイトしていた。毎日、鉄のパイプを曲げる仕事。熱いし重労働。そんなある日、現場監督に、

「毎日、こんなモノつくっていてしんどくないんですか？」

と、訪ねた。すると、現場監督は、

「俺たちは、パイプをつくっているんじゃない。日本の未来をつくっているんだ。この船は、石油を日本に運んでくる。その石油で日

本の未来がつくられて行くんだ」

と、言われたらしい。その監督に惚れ込んで彼は、三菱造船に入社した。

「ぜったい沈まない船を造ると決めて、入社したら、潜水艦の担当になったんですよ」かつて彼が話してくれた話を思い出した。今回の担当者に話すと、ニッコリと笑ってくれた。やっぱり、ものづくりは夢とロマン。

ありがたいことに、講演会は、ほぼ自主参加にもかかわらず満席。担当者も喜んでくださった。その後、数人の実行委員メンバーと意見交換会を兼ねた食事会。話題は、ダイバーシティに海外進出にコミュニケーションと、もりだくさん。ここでは、講演で話さなかった内容も特別に披露。

性別や民族や障がいにこだわらず、多様性を認めてみんなを活かし合うダイバーシティの考え方は、今や企業の大きなテーマのひとつ。そして、わたし、この考え方、大好き。まだまだやること、やれることありそう。

大谷由里子の元気の素

横山さんのこと

横山やすしさんのことを話し出すと、それだけで一時間半全部使ってもまだ足りないくらい、語りますよ、私は。

ここでそんないちいちエピソード話してたらきりがないので、はしょりますけど、まあ、横山さんとの出会いは、私の原点でありますから、ここはひとつ、供養だと思って、彼の話からさせていただきます。

横山やすしさん。あの人ほど、自分に甘く、他人に厳しい人もいませんでしたね。私、とことんふりまわされたんです。まあ、今から思えば、携帯電話があの頃になかったことだけは感謝してます。

東京の仕事で、あの人はシティホテル、私たちはビジネスホテルに泊まってる。すると、夜中の二時頃、電話が鳴るんですよ。

「ワシや、横山や」

言われんでもわかるっちゅうねん。

「彼女とケンカして、出ていってしもうてん。悪いけどな、今からアイツさがしてくれへんか。アイツ帰ってきーひんかったら、ワシ、明日の仕事行かへんから」

なんで私が人の女探さないかんねん。でも、こんなの日常茶飯事だったんですよ。

だけど、これはほんと、実感なんですけど、世の中って、一人、メチャメチャな人間がいると、まわりに、妙～な連帯感が生まれるんですよね。横山やすしに関わったスタッフ、すっごく仲良くなるんです。とにかく、横山さんが機嫌良くこの番組を終えてくれることのために、全員が一致団結して動く。

そうして、仲良くなったスタッフが、次に私が「大助・花子」売り出したい、「こずえ・みどり」売り出したいっていうと、ものすごく協力してくれたんです。みんなで応援してくれた。

どこの会社でも、ヒット商品を出すと、それなりに評価されます。

伝説のマネージャーとかいわれて、その後、いろいろやらせてもらえるようになったのは、この、横山さんも含め吉本興業マネージャーという経験が原点になっていると思うんです。

志縁塾のできるまで

吉本を結婚退職して二年。専業主婦に収まっていたんです。

でも、二年もやってると、やっぱりわたしにはこれは向いてへんなあって思えてくるわけです。

世の中、ちょうどバブルの時代。よし、わたしも会社作ってやろう。そう思い立って、起業したんです。おかげさまで、順調に業績を上げました。

漢字っていうのは、本当におもしろいですよね。

起こす業と書いて、起業。これは、「己が走る」と書くんです。業を起こす起業の時には、自分が現場を走れば仕事は回っていった。

ところが、その起業が軌道に乗って、いっぱしの企業になる。すると、企業は企てる業。「人を止める」と書きます。

現場が大好きで、企画が大好きで走り回っていた私が、一〇年経って社員が一〇人超え、売上げが大きくなった、そのとたん、自分の仕事が「人を止めること」つまり、管理になっていたんです。

財務。労務。税務。資金繰り。その中で、三五歳でふと気がついた。

「私は、管理したくて会社作ったと違うで。現場に居続けたかったはずや」というわけで、会社は後輩に譲って、もう一回原点に戻ってみようと思ったんです。

そんなとき、元吉本興業の常務だった木村政雄さんが、わたしに言ったんです。

「これからは、自分で動く人材を育てなければならない。それが吉本の仕事や」

そんなわけで、吉本に戻って、教育文化事業チームというのを作って、何とかその部署を軌道に乗せたんです。

ところが、その木村さんが吉本を辞めはった。次の日、ある役員に呼び出されました。

「大谷君、うちにはこんな部署いらんから、君も会社やめてくれんか」

なんとわかりやすい。と思ったんですが、木村さんに相談すると、

「おまえ、二百万円くらい持っとるやろ。オレも金出すから、とりあえず有限会社作れ」

そうすると、おもしろいものです。話を聞いて、

「それはおもしろそうな話や、わたしも出資する」

という人がどんどん現れて、いきなり二千六百万円集まったんですよ。

この出資金をもとに、志のある若い人を育てていこうと、心の元気を育

ていこうと、今の会社を作った。

こうして、「志縁塾」は生まれたわけです。

コーチングとわたし

コーチングは、二〇年くらい前にアメリカから入ってきたメソッドで、今、企業研修のほとんどは、何らかの形でこの考え方を採り入れています。

ところが、日本では、コーチとティーチがごっちゃになっている。

たとえば、テニスのコーチの仕事といえば、一般的に、「ラケットはこう振りや」「バックはこうしてや」と教えることだと思われているかもしれません。

しかし、「こうせい」「ああせい」ということだと、これは、限りなくティーチになってしまうんです。

ティーチは、最初に答えが用意されていて、それを教え込むことですね。

それに対して、コーチって言うのは、プレイヤーに、「君はどんなボールを打ちたいのか、じゃあ、どう動いてみる？　どう打ってみる？」と、考えさせる。

コーチングっていうのは、相手に考えさせ、相手に答えを出させ、相手に戦略を練らせることなんです。

ではなぜ、コーチングが今、必要とされているか。

これまでの日本では、答えがあったからティーチでよかったんです。でもこれからの日本は、あらかじめ用意された答えがない。

そうなると、自分で答えを出せる人間を育てていかなければならない、ということなんです。

コーチングは、相手を認め、引き出して、応援する。この三つの技術をとことん磨きましょうというところから始まります。

これ、まさに吉本でわたしがやってきた仕事なんです。

吉本のマネージャーが、芸人にマンザイを教えることなんかないんです。

あの楽屋には、いろんな人間がいます。

親に勘当された人間、家出してきた人間、何億も稼ぐ人間がいるかと思えば、年収三万なんていうのも、山ほどいる。

足の引っ張り合いもあれば、愛人やヒモになっていくもの、フェイドアウトしていくものも数知れない。

私たちの仕事は、そういうのを受け止めた上で、これからどうやっていくか、一緒に考えていくしかない。

そういうふうにして、吉本が、「勘と根性」で教えてくれたものが、コーチングを学ぶと、そのまま理論になっていることがわかったんです。

これは、おもしろい。それが、わたしとコーチングの出会いだったわけです。

心を開いたときに、成長が始まる

わたしが二三歳の時、上司に引き出してもらった経験があるんです。それは、一回目の西川きよしさんの選挙でのこと。あの選挙を境に先輩も上司もタレントも、みな西川さんの応援です。

横山やすしの担当マネージャーだったわたしは、本当につらかった。選挙戦が始まれば、特番でも「やすし・きよしの選挙ドキュメンタリー」なんてのを作ります。そうすると、必ずわかりやすい図式を求められる。「西川きよし＝正義、横山やすし＝悪」。

西川さんが老人ホームに慰問に行く。そのとき、横山やすしは…。

朝日放送から電話かかってくるんです。

「松岡さん（わたしの旧姓）、すみません、その日、横山さんには競艇場にいてほしいんですけど」

二三歳のわたしが、横山さんを競艇に誘わなきゃならない。横山さんを無理矢理なだめて、ごまかして、競艇場に連れて行くんです。

人間て、仕事していて何がいちばんつらいかというと、前が見えないときなんです。

「いつまでこんなことせなあかんのやろ。この先、何があるんやろ」

一人でモーニングを食べながら、ポロポロ泣いてしまう日もありました。

どんどん選挙で盛り上がっていく大阪にいるのがつらくて、西川さん当選の日には、東京にいました。

そのとき、目の前におられたのが、東京事務所の課長だった木村政雄さん。当時四五歳。大きらいな上司やった。二三歳の娘ですから。

口癖のように言う「戦略を考えろ」なんて、意味もわからへんかった。

その木村さんが、目の前に来て言わはったんです。

「世の中ってもんを、見たやろ。みんなええ方についていくねん。でもな、上司とか、会社は、誰が逃げんといちばんしんどいことをやったか、ちゃんと見とかなあかんよな」

そういわれた瞬間、わたし、吉本に入って初めて、嬉しくて泣いたんです。

何が大事かといって、人の心を開かせるということがどれだけ大事か。それまで木村さんに何言われても聞き流していました。「またこのおっちゃん、なんか言うてる」って。

でも、そのときから、木村さんがなんでそういうのか、考える人になった。このときからわたしの成長がはじまったんです。

第3章

夢を持つ、夢を語る、夢を聞く

思いつきを形にする喜び、忘れていない？

人は、どんな時に元気になるか？

そのひとつに、「自分で思いついたことを自分で形にする時」というのがある。子供がいたずらをする時なんて、まさにそうである。目がきらきらしている。二二歳から二五歳まで吉本興業という会社でプロデューサーをしていたわたしは、そんな人たちをいっぱい見た。

ディレクターもタレントも、お金がなくても、とても楽しそうで、とても元気だった。「なぜだろう？」

と、今から振り返ると、まさに、毎日、自分が思いついたことを形にすることに夢中だったからである。

わたしの周囲にも、二〇歳代で元気なメンバーがとても多い。お金がなくても、彼らは、自分たちが思いついた、やりたいことをやっているからである。その中には、ベンチャーの社長もいるし、NPOをやっているメンバーもいる。そんな彼らの一人が言った。

「よく、企業が失敗するのは、元気な学生が、企業に入っても元気だと勘違いすることですよ。彼らは、自分がやりたいことをやっているから元気なわけであって、管理の下でも元気なわけじゃないということをわかってないことですよ」。

なるほどと考えさせられた。

自分で思いついたことを自分で形にすることをさせてもらえなかったり、忘れてしまうと、人は元気がなくなる。だから、常に「やりたいことを思いつく」ことが大切なのだ。ところが、日々流されていると、これをしなくなってしまう。だからこそ、意識して「やりたいことを思いつく」習慣を身につける必要があるのだ。

ここで、やりたかったこと、やりたいことを五つ書き出してみよう。

〈やりたかったこと、やりたいこと〉

❶（　　　　　　　　　　　　　　　　　　　　　　　　　　　　　）
❷（　　　　　　　　　　　　　　　　　　　　　　　　　　　　　）
❸（　　　　　　　　　　　　　　　　　　　　　　　　　　　　　）
❹（　　　　　　　　　　　　　　　　　　　　　　　　　　　　　）
❺（　　　　　　　　　　　　　　　　　　　　　　　　　　　　　）

そして、どれでもいい。まず、ひとつをやってみる。できたら、またその時の五つを考えて、どれかをやればいい。これを繰り返しているうちに、いつのまにか、常に「思いついたことを形にし続けている」自分になる。

とにかく、いろんなことを思いつくことから始めよう。

★思いついたものを書きだしてみると、さらに自分の中で具体化する。

とりあえず実現できそうなものから作ればいい

とにかく、夢を語る。

「夢がない」なんて言ってないで、無理にでも夢を作る。夢を語っているうちに、不思議と前向きな気分になる。すぐに、夢が浮かばなくてもいい。思い浮かばなかったら、子供の頃を思い出したらいい。

誰でも小さい頃は、夢があったはず。

そう言うと、こんなふうに言う人がいる。

「確かに小学校の頃は、プロ野球選手になりたかったよ。だけど、今からそんな夢叶うわけないだろ」

当然です。だけど、そこから発想を豊かにすることはできる。わたしは、そんな時にこう言う。

「そりゃあ、野球選手は無理でしょ。でも、なんで、プロ野球の選手になりたかったの？」

「そりゃあ、カッコいいと思ったから」

「そしたら、プロ野球の選手は無理だけど、カッコ良くはなれるんじゃない？」

「そりゃそうだけど……」

「じゃあ、今からカッコ良くなろうよ」

「どうやって？」

「それを今から夢にして考えてみようよ」

「そうだなあ……」


こんな風に話を広げると、昔叶えられなかった夢でも今と結びつけることができる。そして、大切なのは、やはり、あなたが語る夢を聞いてくれる友人や家族を持つこと。

人の夢を聞いて、暗い気分になる人はそんなにいない。

ただ、一方的に実現性のない夢ばかり聞かされるのはつらい。だから、お互いに夢を聞き合う、語り合う関係の仲間を持とう。

だいたい、おとなが夢を語っていないのに、若い子に「夢を持て」なんて言っても無理だ。まず、おとなが夢を語ろう。

何も夢は、大きくなくていい。とりあえず実現できそうなものから作ればいい。そして、語る。

この夢が実現したら、聞いてくれた友人や仲間にお礼を言う。

「わたしの夢を聞いてくれてありがとう。あなたが聞いてくれたおかげで、叶ったわ」。そう言って、相手の夢も聞いてあげよう。その繰り返しで、きっと、あなたのまわりでみんなが、元気になれる。

★夢を語れば前向きになり、なりたい自分を確認できる。

最近、何か本気になってやった？

「大谷さんの周囲って、ほんと、みんな元気だね」

と、いろんな人から言われる。だけど、みんな普段からハイテンションなわけでもないし、実生活の中では、大なり小なり落ち込んだり、泣いたりしている。それどころか、けっこう繊細だし、寂しがりだし、気弱だったりもする。

だけど、そんな彼らも一様に、わたしの周りでは元気で明るい。

「なんでだろ？」

と、考えていたら、二三歳の木村くんが言った。

「だって、大谷さんの周りにいる時って、みんな本気で遊んでいるからですよ」。

思わず、

「なるほど」

と、納得した。たしかに、わたしは、彼らに「本気で遊ぶ」ことを強要している。

なぜ、本気で遊ぶことを強要しているか……。理由は、人脈を作るには、三つの方法しかないと確信しているからである。

★お金で結びつく

★一緒に悪いことをする

★一緒に楽しいことをする

わたしの研修では、この三つ目をとても大切にしている。だからこそ、

「みんなで本気でバカなことを考えようよ」

と、言っている。もちろん、「バカなことをやる」というのは、「バカ騒ぎをする」ということではない。「どうやったら、他人に楽しんでもらえるか」「どうやったら、他人を笑わせることができるか」「どうしたら、仲間を笑顔にさせることができるか」

を大のおとなが集まって真剣に考えるだけである。

人を楽しませたり、笑わせたりするためには、本気で体当たりしなければならない。共感で笑いを取るか、挑戦で笑いをとるか、みんな真剣である。いつのまにか、誰もが本気になっている。

そして、一緒に本気になっているうちに、「あーでもない」「こーでもない」と白熱してくる。どんどん元気になっていく。

何でも本気になってやっている時、人は元気である。遊びでも仕事でも恋愛でも、本気でやっている人は、輝いている。

どんなことでもいい。「本気でやる」ということを意識してみよう。

★「本気」を意識しだしたときから、誰もが輝き始める。

作業に流されないために

自分にとって、「作業とは、何か?」ここで、じっくり向かい合ってみたい。

今の日本、この「作業」がとってもくせもの。時間を消費するだけで、お金を稼げてしまったりする。（ただ、流されて稼いでいたら、それは立派な作業である）それどころか、うっかりすると、満足できたりする。

「今日は、本当によくやったなあ」

だけど、この「作業」、気をつけなきゃならないのは、いくらやっても「満足」はあっても「感動」がない。

人が成長したり、元気になるのは「感動」があった時である。だからこそ、作業に流されないように気をつけなければならない。

だからといって、「作業」から逃げてばかりいるわけにもいかない。自分が「作業」が嫌だからと、他人に振ってばかりいると、当然のことながら嫌われる。ここで、自分の作業と向き合ってみよう。

★毎日の中でやらなければならない作業は何?

★どうやったらその作業を減らすことができる?

★作業を達成感や感動のあるものに変えるにはどうしたらいい?

この三つを意識するだけで、人生が変わってくる。

わたしは以前、お客さんを接待して、飲みに行って仕事をもらっていた。だけど、それは、みんな「作業」だった。仕事をもらっても、どこか寂しくて、むなしかった。

そんなとき、この三つの問いかけを意識するようになった。相手を接待して仕事をもらうのではなく、相手に喜ばれて仕事をもらえるようにしたいと考え始めたのだ。もちろん、思ったからって、すぐにそうなれるはずもない。それでも、意識し始めたら、三年目くらいから、接待の結果ではなく、自分たちの仕事の実績で仕事が来るようになった。

それどころか、日本にはやらなければならない事務が山ほどある。今でもやらなければならない「作業」は、いっぱいある。伝票整理に書類の数々。だけど、「今、やってることは作業。さっさと済ませて、感動できることに力を注ぐぞー！」と、思っていることが大切。この思いが、元気の素にもなる。

★「作業」に安住してないか、その仕事に「感動」はあるか、常に問いかけよう。

自分のおもちゃを見つけよう

新しいおもちゃを見つけた時の子供はイキイキしている。おとなも同じである。寝食を忘れるようなおもちゃがある時は、イキイキとしている。実際に、わたしの周囲のメンバーを見ていても、おもちゃのある時は、とても楽しそう。そして、このおもちゃは、人によって違う。趣味がおもちゃの人もいるし、車がおもちゃの人もいる。また、おもちゃが仕事だという人もいる。

かつて、吉本興業で、わたしは、宮川大助・花子という漫才師の売り出しに成功したけれど、当時、二三歳のわたしにとって、宮川大助・花子は最高のおもちゃだった。売れているタレントと違って、誰にも邪魔されずに二人が売れるための戦略を考えることができる。

「ああでもない」

「こうでもない」

「ああしたほうがいいだろうか?」

「こんな仕掛けをしたほうがいいだろうか?」

「やっぱりこうだ」

考えれば考えるほど、楽しくて仕方がない。最高のおもちゃだった。寝食を忘れて、いろんなことを考えた。寝ていて夜中にふっと思いつくこともあった。自分の大好きなおもちゃを持っている時、人は、元気の塊になることもできる。

今のわたしにとって、会社がそうである。大好きな仲間たちと熱い志。毎日、

「これもしたい」

「あれもしたい」

と話し合っていると、楽しくて仕方がない。ワーカーホリックとの違いは、仕事依存じゃないこと。おもちゃとして楽しいこと。ワクワク、ドキドキすることができる

こと。プラモデル大好きな少年が新しいプラモデルを買ってもらったような状態である。
この本を読んでいるあなたも、せっかくだから、ここで自分にとってのおもちゃが何か考えてみるといい。

あれ？　今の自分には、おもちゃがない。

と、感じた人は、まず自分のおもちゃを探すことから始めたらいい。自分にぴったりのおもちゃがあると、人は、手っ取り早く元気になれる。
ステキなおもちゃは、元気の素。ぜひ、自分のおもちゃを見つけて。夢中になれるおもちゃを見つけられると、自然に元気になってる。

★夢中になって遊んだ子供のころの気持ちを、思い出してみよう。

余裕こそ、元気の糧

余裕のある人とない人の差はどこにあるか。そんなこと簡単だ。時間とお金に追いかけられているか、黙って来るものを受け止めているかの差である。
追いかけられている人は、あくせくしている。だから余裕がなくなる。じゃあ、あくせくしなくなるにはどうしたらいいか。そのことについて、考えてみよう。

まずお金から。これは、わたしが二二歳の時、当時働いていた吉本興業で、西川のりおさんから教えてもらった。
彼のお母さんは、彼に
「お金は、常に半分使うようにしなさい」

と、子供の頃から教えたそうだ。

つまり、五〇円のものが欲しかったら、まず、一〇〇円溜める。そして、五〇円のものを買ったら残りの五〇円は、貯金する。

常に「これを買っても、まだ、半分お金が残ってる」という余裕が大切なんだと、彼に言い聞かせたらしい。


確かに、これならわたしたちにも出来そうである。で、わたしは、その頃から、この「半分残す」ということを大切にしている。常に半分、残っているという気持ちがあるだけで、心の余裕は全く違う。

特に結婚してからは、夫の給料は、できるだけ残すようにした。その預金だけで、心の余裕はできるものだ。

もっとも、わたしの場合は、途中で夫婦喧嘩してブチ切れた時に、一度、そっくり使い込んでしまったのだが。これは、やってしまった後、すごく後悔した。

時間の余裕を作るためには、何でも「前倒し」にする習慣をつけるしかない。

一時間でも二時間でもいい。とにかくまず、目の前のことから前倒しする癖をつけること。そのためには、ちょっとした隙間の時間を有効に使う癖をつけるようにしたい。

時間に追われるのではなく、一分でも二分でも先にやって、時間を待つ自分になろうとするしかない。

とにかく、余裕がなくなると、元気もなくなる。このことは、わかっておこう。

★「まだ半分ある」余裕と、「前倒しで片づけていく」余裕を大切にしよう。

たかがお金、されどお金

まずは、質問。

★いくらお金が財布に入っていると安心しますか？

★毎月、いくらもらえると安心できますか？

★預金がいくらあると安心できますか？

この三つは、しっかりと考えてみよう。それが、今の自分のお金に対する価値観である。

「お金ごときに振り回されたくない」

と、思っていても、人間は弱い。お金がなくなると、卑屈になったり、世知辛くなったりしてしまう。お金がないと、心の元気もなくなってしまうことも多い。

だからこそ、自分は最低どれだけあったら安心できるのか、一度は、しっかり向かい合っておくことが大切。

そうすれば、

「二割減った時は、どうしたらいいかなあ？」

「半分になったらどうすればいいかなあ？」

などと悪い時のシミュレーションもできる。人は、予期せぬ出来事に襲われるのが、いちばん弱い。一度でも頭の中で最悪の事態を思い描いておけば、それが現実になった時でも、比較的落ち着いて対処できるものだ。

今、財布の中にはいくら入っていて、それがいくらになると不安になるか。最低ラインを知っていれば、そこを切ったとき、どうすればいいのかも、自然に考えることになるではないか。

いくらもらえると安心できるかをわかっていると、それよりもらった時には、自己投資できる。お金に振り回されている人は、たいていの場合、最低ラインをきっちりと理解していないから、少しお金が手に入ると、無駄使いしてしまう。

また、預金もひとつの目標になる。


「このくらい預金を持っていたい」

と思ったら、積み立て預金を始めたらいい。不思議なもので、安心する預金を持っているだけで、人は、心に余裕が出てくるのだ。

最低ラインがちゃんとわかったら、ゆとりの部分を自分や人に投資しよう。かっこよく、生きたお金の使い方をしよう。知識や心に投資した分は、必ず戻ってくる。

実際、わたしは、お金に対してあんまり不安じゃない。きっと、わたしが一円も稼げなくなっても、わたしの周囲の仲間や私塾のメンバーが、お米と野菜くらいは持ってきてくれると思っている。

お金がいくらあっても不安な人は、その原因を考えてみるといい。きっと、理由は、お金だけじゃないはずである。

みんな、「幸せはお金だけじゃない」とわかっている。

だから、普通は、最低ラインをちゃんと把握すれば、それを超えた時点で、きっと心の余裕が出てくる。


最低ラインがわからない、あるいは、自分で思い描いた最低ラインをずっと超えていても、まだまだ溜め込みたいなどという人は、きっと別なところに理由がある。「愛されている実感がない」とか「人が信じられない」など、お金に依存しなくては安心できない「何か」があるのではないだろうか。もし、そうであれば、その「何か」を探り出し、そっちと向かい合うことも大切になってくる。

★お金にきちんと向き合ってこそ、自分の幅を知ることができる。

私の水曜日
名古屋
2時間早く到着
メールチェック
愛知
ロータスクラブさん講演
海外に行くとどれだけ
日本の整備技術が
信頼されているかが
分かります

今日は、名古屋の「愛知ロータスクラブ」さんで講演。雪が心配なので早めに家を出発。ありがたいことに新幹線は、普通に動いていた。なので待ち合わせの時間よりも二時間早く名古屋に着いた。せっかくなので寒いし、温まろうと、きしめんを食べた。そして、会場の近くのコーヒーショップでメールチェック。

　ちなみに「ロータスクラブ」とは、全国にある自動車のアフターサービス業、つまり整備事業を中心にトータルサービスをされている経営者の集団で、「共に学んで繁栄する」という目的から、勉強会や講演会なども企画されている。テーマは、

「新春なんで、経営者が元気になる話をしてください」

　とのこと。海外に行くと、どれだけ日本の整備技術が信頼されているかが分かること、日本に来て整備技術を学んで自分の国で活かしたいと思っている人がどれだけ大勢いるか

ホームは人でいっぱい
名古屋
焼き鳥を購入して帰宅

ということも含めてお話しさせてもらった。

実際、わたしは、本気で日本の整備技術の素晴らしさをもっともっと世界に広げたいと思っている。何よりも整備会社の社長たちには、自分たちの素晴らしさを気づいて欲しい。事業承継で悩んでいる人も多いけれど少しだけ心を開いて、海外の人たちも視野に入れて欲しい。そう感じているからまたまた熱くいろんな話をさせてもらった。主催者さんにも喜んでもらって、ごきげんに会場を出た。雪が散らつきはじめた。

事件は、名古屋駅で起こった。雪の影響で、ホームの柵が壊れたらしく、新幹線が駅に着かない。ホームは人でいっぱい。吉本興業に入社した二二歳の時から毎日移動の生活をしていたら、こんなこともある。

「仕事が終わってからで良かった」

待つこと四〇分。予定の三〇分遅れで東京に着いた。晩ご飯に焼き鳥を駅の構内で購入して帰宅。

第4章

生きているだけでまるもうけ

「死ぬこと」を意識することの大切さ

「大谷さん、なんでそんなに明るく元気なの？」

と、よく言われる。べつに「元気になろう！」と、意識しているわけでもなければ、特にハイテンションで生きているわけでもない。

ただ、祖父母と暮らし、祖父母を見送り、医者の家庭で育ったわたしには、常に「死ぬ」ということが目の前にあった。

と、いうより、人にとって絶対なのは「死ぬこと」なんだ、という意識がずっとある。

そして、寿命と健康が関係ないということも思い知らされてきた。

若い頃から病弱で医者にかかりっきりでも、八〇歳、九〇歳まで生きる人もいれば、「何であの人があんなにあっけなく……」というシーンも山ほど見てきた。

人の寿命って、神様が決めてしまっているとしか思えないこともいっぱいあった。

そうなると、やはり、よく言われるように、「生きてるだけでまるもうけ」である。

そして、同じ生きてるなら楽しく元気で生きなければ損である。

「生きてるだけで、ラッキー」だという考え方ができると、それだけで、毎日が結構ハッピーになって元気でいられる。

死ぬことを意識すると、生きることを意識する。死ぬということを意識すると、「生きているうちに何をしたいか」

と、向き合わなければならなくなる。

もしあなたが、あと三年しか生きられないとしたら、死ぬまでにしたいことを五つ、考えてみよう。

〈あと三年しか生きられないとしたら、何がしたいですか？〉

❶（　　　　　　　　　　　　　　）

❷（　　　　　　　　　　　　　　）

❸（　　　　　　　　　　　　　　）

❹（　　　　　　　　　　　　　　）

❺（　　　　　　　　　　　　　　）

縁起でもない…などと思わずに、常に考えていると、自分の価値観探しにも役に立つ。心配しなくても、わたしは、しょっちゅう、これを考えているけど、まだ生きているし、こうして考えたことは、結構叶う。

だって、自分が生きているうちに、やりたいことを見つけているわけだから。

★死ぬことを考えるのは、生きることを考えることになる。

人と比べるより、昨日の自分と比べよう

人と比べるからしんどくなる。比べなければならないのは、昨日の自分。

「昨日より楽しいかな?」

「昨日より勉強してるかな?」

「昨日より健康かなあ?」

と、昨日の自分と比べるから楽しく成長できる。そのためにも、昨日の自分と比べる三本の柱を持っておくといい。

いっぱい持っているのも悪くないけれど、柱は多すぎても家の中、動きにくいではないか。

三本程度の柱があれば、自分がぶれずにすむ。

〈昨日の自分と比べるあなたの三本の柱は？〉

❶（　　　　　　　　　　　　　　　　　　　）

❷（　　　　　　　　　　　　　　　　　　　）

❸（　　　　　　　　　　　　　　　　　　　）

わたしの場合、三つの柱は、

①昨日よりも幸せかな？
②昨日より優しいかなあ？
③昨日より笑ってるかな？

かつてわたしは、両親に自分が他人と比べられていると感じていた。そして、私自身も、人と比べてばかりいた。人と比べてみて、いらいらしたり、悲しくなったり、投げやりになったりしていたのだ。

そんなとき、心は少しも元気じゃなかった。隣の芝生は青く見える。みんな自分よりもいいと思っていた。

なんで、わたしは、こんなに一生懸命なのにうまく行かないんだろう……と、思っていた。

人と比べても、「あの人みたいに頑張ろう！」と、思える人はいい。だけど、大抵は、マイナスの気持ちがいっぱい出てくる。嫉妬したり、不公平を感じたり。そんな気持ちでいっぱいの自分がすごく嫌になった。

そこで、

「どうすれば、もっと楽しく前向きに元気に生きて行けるんだろう？」

と、真剣に考えてみたのだ。そして、ふと、答えが浮かんだ。

「人と比べるからしんどいんだ」

と。それでも、つい人と比べてしまう。

そこで、また、考えた。

「他に比べるものないかなあ？」

そしたら、わかった。

「昨日の自分と比べるといいんだ！」

と。昨日の自分と比べて、少しずつでも成長して、少しずつでも元気になって、幸せになれたら、最高の形で死ねるはず。

比べるのは、昨日の自分！

★比べる相手が昨日の自分なら、やきもち、優越感、嫉妬とも無縁。

執着がなくなると勝手に心が元気になる

品の山に病気と書くと「癌」という漢字になる。やはり、何かに執着するということは、心にも体にもいいことじゃない。

わたしの祖母は、いつも、

「死んでしまったら、『ありがとう』って言われてもわからないじゃない。だから、生きてる時に人にお金を使うの」

と言っていた。遊ぶことの大好きな、明るい祖母だった。もっとも、最後は、癌で死んでしまったので、品に執着しないから癌にならないとは限らない。

けれど、地位や名誉にこだわり続けて、最後は、組織の「癌」になってしまった人は、たくさん見てきたから、確かにこの漢字、奥深い意味がありそう。

当たり前のことだけど、絶対に人は死ぬ。そして、その時持って行けるものは何もない。それさえちゃんとわかっていたら、物に対する執着はなくなる。

物に対する執着がなくなると、勝手に心が元気になる。理由は、簡単。

「欲しい」というエネルギーは、奪うエネルギーで、勘が働く人は、自分のエネルギーが奪われるから近寄ってこなくなる。

すると、自分が寂しいから、余計に「欲しい」パワーが出てきて、悪循環になる。

つまり、不足のスパイラルに陥ってしまう。

逆に執着せずに「別にいらないわ」と思っていると、与える人間になれる。与えだすと、人が集まってくる。すると、エネルギーも余ってくる。エネルギーが余ってくると心が元気になって当然。

何もいらない、と放棄していいわけじゃない。執着していないことが大切。お金も物も天下の回りもの。そのうち自分のところにやって来る。そう思っていれば、本当にそうなってしまうから不思議だ。どうせあの世に持って行けないなら、この世で欲しい人にあげよう、という考えをしてみよう。

執着するから、失うことを恐れて不安になって、元気がなくなる。

だけど、執着しないと、心に余裕ができるわけだから元気になれて当たり前。

★欲しい欲しいと奪い続ければ、人は離れ、さらに欲しくなる。

#「やらなければならないこと」で追い詰めすぎないで

「やらなければならないこと」ばかりを考え出すと、自分を追い詰めてしまうことになる。そんなことばかりしていれば、心の元気はすぐになくなってしまう。

わたしの知人で、まさに、それで壊れてしまった人がいる。

彼は、とても優れた技術を持ったグラフィックデザイナーだった。それだけに、彼の働いていたデザイン事務所では、彼を名指しで仕事が来ることがほとんどだった。

彼は、それらの依頼を断れずに、すべてを抱え込んで、一人で、毎日仕事をこなしていた。そんな彼の毎日は、

「あれをしなければ……」

「これをしなければ……」

の連続だった。

次第に彼は、壊れていき、ある日から会社に行けなくなった。そして、ついに会社を辞めた。

今、完全に復活した彼は、フリーになって、マイペースで仕事をしている。もちろん、才能豊かな彼。いろんなところからは仕事が来るけれど、出来ない仕事は断っている。そして、

「ほんと、人って、つくづく自分を追い詰めちゃダメですよ」

と、笑っている。

かつてのわたしもそうだった。社長業に家庭。「あれもしなきゃ」「これもしなきゃ」の連続だった。そんな中で、すっかり自分を見失ってしまった。やらなければならないことばかりと向かい合うことが怖くて、お酒でごまかすような生活をした。

変にハイテンションになって、朝まで遊んで、疲れて寝る。本当にどうかしていた。

つくづく、人間って、自分を追い詰めると壊れてしまうものなんだなあ…と、感じて

いる。

タレントが「売れ続けなければならない」という恐怖から、お酒や薬に走ってしまうことがあるのも、やはり、自分を追い詰めるからである。わたしは、そうやって、お酒に逃げていた横山やすしという人間を横で見てきた。それどころか、横山さんは、最後まで、自分を追い詰めた生き方をした。


壊れるまで突っ走ってしまう前に、何よりも自分自身が、「やらなければならないこと」で自分を追い詰めていることに気づかなければならない。

そして、そこに気づいたら一度、「やらなければならないこと」を捨てて、「本当にやりたいことは何だろう」ということと、向かい合う。

そうやって、時々自分自身と向かい合い、確認することで、元気をメンテナンスする時間を持とう。

★「やりたいこと」のために、「今、やれること」から始めよう。

「人生は舞台」ここからの筋書きは自分で作る

シェイクスピアも「人生は舞台だ」と、言っている。つらい時こそ、この言葉を思い出したらいい。舞台の上でドラマを演じているわけだから、いろんなことが起こって当然。

良いことも悪いことも必ず起こる。つらい時こそ、自分に

「わたしは女優なんだ」

と言い聞かせてやる。悲劇のヒロインなんだから、悲劇の中にいるのも、わたしの仕事なんだと割り切る。そして、どんな風に演じるかを考えてみる。

それをやっていると、もう一人のわたしが、自分を見つめている気分になって、何となく悲しみもやわらいでくる。人生は舞台。主役は自分。まわりはみんな脇役。そ

して、いちばん熱心な観客もまた、自分なのだ。観客は、コメディを見て大笑いし、悲しい場面では一緒に涙を流す。

そんなふうに考えれば、悲しみも和らぐし、楽しさは倍増する。この喜びをどう表現しよう。どう伝えようと考えていると、不思議と周囲も楽しさや喜びに巻き込むことができる。

この役者になるテクニックも知っておくと、悲しいとき、つらいとき、うれしいとき、楽しいときに、大いに役に立つ。


ある友人は、子供を亡くした。この悲しみは、ぜったい本人にしかわからないし、わたしたちが、中途半端に慰められるものでもない。彼女も泣くだけ泣いた。そうして、さんざん泣いたその後に、

「人生には、こんなドラマも起きるんだ」

と、自分に言いきかせたというのだ。

「ここからの筋書きは、自分で作るんだ」

彼女は、ボランティアを始めて、子供たちのために動きだした。

「あの子が、わたしにこれをしろと言うの」

今、彼女は、イキイキとステキに生きている。そんな悲しい過去があったとは思えないくらい、輝いている。もちろん、彼女の心の奥には、眠っている悲しみがあるのだろう。だけど、彼女を見ていると、ほんとにつらいことは、無理にでも、舞台のワンシーンにしてしまうことも大切だと、つくづく教えられる。

別の知人の営業マンも言う。夏の暑い日、つらい日は、

「僕は、つらい営業の役を演じてるんだ。この先にステキな展開のドラマがあるんだ」

と、自分に言い聞かせるのだとか。

人生は舞台。誰もがそれぞれの舞台に立って、つらいことを乗り越えたり、みんなと幸せを共有したりしているのだ。

★どんなふうに演じるのか、それは役者であるあなた次第だ。

朝からメルマガを発信。わたしは、一週間に一回、名刺交換した人たちを中心に旬な情報や気づきをメルマガでお届けしている。

発信したところで、スバル自動車で働く飯塚裕司さんと、メディア活用研究所の大内優さんが来社。三〇代の飯塚さんは、数年前に、「ものづくりの楽しさを伝えられる人になりたい」と、主宰する講師塾に学びに来られた。

志縁塾で主催する全国・講師オーディションの第八回大会では、なんとTSUTAYA賞を受賞。「キャラが全て!」の著者で元テレビマンの大内さんは、同じ大会の準グランプリ。彼らは、講師オーディションを通して仲良くなった。

とにかく情報を集めるのが大好きな飯塚さん。実際に仕掛けるのが得意な大内さん、この二人をわたしは、すごく尊敬している。今回、飯塚さんが提案してくれたのは、「オンラインサロン」。SNSを使ったコミュニティの構築で有名どころでは堀江貴文さんなど

がされている。

「どんなコンセプトにするか」

「会費をどうするか」

「どこまで会員の面倒を見るか」

「どんなサービスを提供したら喜ばれるか」

「ひとりよがりになっていないか」

とにかく、お互いの疑問を出し合って議論。そして、サロンの名前は「ビジネスタレント育成大学」に決まった。


もともと、尖っている人を世の中に出すのが得意なわたし。吉本興業のタレントだけでなく、講師の勉強に来た人たちを何百人も一千万円プレーヤーにしてきた。その中には、会社を潰したり、リストラされてきた人もいる。でも、根本にあるのは負けず嫌いの心。そんな人たちの仕掛け作りは、大好き。もっとも、わたしは、意外と肌感覚。飯塚さんは結構ロジカル。大内さんは、アーチスト。三人でランチに行っても、話は尽きない。頭の中は、新しい企画でいっぱい。

第5章

自分のことをちゃんと愛してあげよう

自分に優しい言葉をかけて元気にしてあげて

自分を大切にしない人が、誰かを大切にできるはずがない。
「自分を甘やかす」と「自分を大切にする」は、まったく違う。
「自分を甘やかす」のは、自分勝手に理由をつけて、嫌なことをやらなかったり先延ばしにしたりすることだけれど、「自分を大切にする」のは、人生を大切に生きようということであり、そのためには、周囲の人のことも大切にしなければならなくなる。

どんな人だって、人の間で生きているのだ。周囲を大切にしない人のことを、誰も大切にしてくれないだろう。
自分を大切にするためには、自分を知る必要がある。

寂しがりなのも自分だろうし、欲張りなのも自分だろうし、体が弱いのも自分かもしれない。そんなふうに、いいところも悪いところもちゃんとわかっていれば、身分相応がどの程度なのかもわかるし、自分の限界もわかってくる。

だから、ストレスを溜めずにちゃんと自分を大切にしてあげられる。

人生には、思いどおりにいかないことも多い。あきらめきれずにもがいたり、つい無理したりすることもあるだろう。それで上手くいけばいいけれど、うまくいかないことだっていっぱいある。

そんな時、あなたは

「それでもいいんだよ」

と、ちゃんと自分をいたわって大切にしてあげられるだろうか。

たしかに、つまずいた時、つらい時に人が救ってくれたらラッキーだ。だけど、誰も救いの手を差し伸べてくれないことも多い。

そんなとき、自暴自棄になったり、投げやりになったりすることもあるかもしれない。だけど、誰も救ってくれないときに、自分を救えるのは自分だけ。

そっと、自分に手を差し伸べて、

「バカなことといっぱいやっちゃったね。だけどわたしは、わたしのこと大好きだよ。わたしのこと大切だよ」

と、自分に言ってあげられる人は強い。それができれば、また自分を信じて、立ち上がることもできるはず。

つらいときにこそ、自分を大切にして、自分に優しい言葉をかけて、少しずつでも元気にしてあげて。

★自分を愛せないときには、その原因を考えることも必要。

素敵な自信の持ち方って？

自信がなくなるから、元気でなくなる。

自分に自信を持つことは、それほどまでに大切なのだ。かといって、自信満々で傲慢な態度を取っていると、人に嫌われる。やはり、素敵な自信の持ち方ってある。

そのためにに必要なこと。それは、まず、ちゃんと、自分の今まで生きてきた人生や経験を、愛してあげること。


たとえ、素晴らしい成功体験がなくても、誰でもひとつくらいは、「あの時だけは、嘘みたいに頑張れたよなあ」とか、「あの時は、本当に損得なしで、あいつのために動いたよなあ」なんて話があるはず。

まず、そんな体験を三つは、思い出してみよう。

❶（　　　　　　　　　　　　　　　　　　　　）

❷（　　　　　　　　　　　　　　　　　　　　）

❸（　　　　　　　　　　　　　　　　　　　　）

わたしは、ずっと、企画会社、イベント会社という世界で生きてきた。そこで、見てきたものは、はっきりしている。

今の日本、お金と人脈と学歴があれば、地位とか名誉は手に入れられるかもしれない。だけど、そこからは、スターもヒーローも、ヒット商品も生まれない。

スターを生み出すのもヒーローを生み出すのもヒット商品を生み出すのも、必ず個人である。

だから、個人がもっと自信とプライドを持ってイキイキと生きていけば絶対に間違いはないと確信している。

選挙だって、どんな大きなイベントだって、本当に投票者、参加者一人ひとりから成り立っているのである。これは、わたしがこの業界で生きてきた実感。

だからこそ、

「わたしは、もっと自信持っていいんだ」

「僕にだって、生きている意味があるんだ」

と、自分で自信が持てる言葉を自分にかけてあげよう。

それでも、どうしても自信が持てない時もある。そんな時に大切なのは、自信を持たせてくれる友人である。とは言え、それは、間違っても友人に対して

「こいつよりは、ましかな」

なんて優越感を持つような自信ではない。そんなふうに考えてはダメ。

その時はよくても、後でよけいに落ち込むだけ。大切なのは、

「ちゃんと、自信を持ちなよ。あの時のあなたは、素敵だったよ」と、あなたの過去の成功体験や素敵なシーンを覚えていて、自信を取り戻せるセリフを言ってくれる友人。

普段から、そんな友人を探してキープしておこう。そして、「君にこんな言葉を言ってもらえると、自信を取り戻せるんだ」と言っておく。きっとその友人は、あなたが自信をなくし、元気をなくしている時の救いになってくれるはずだ。

★素晴らしいものを生み出すのも、一人ひとりの人間から。自分の力を信じよう。

無理せず等身大の自分と向き合う方法

当然のことだけど、無理をすると、確実に元気はなくなる。

無理をするからしんどくなる。しんどいのを我慢して、また無理をする。

しかし、その無理が生み出すものは、最初に無理して出した結果よりも、明らかにクオリティが下がっている。

こうして、無理が無理を呼び、どんどん結果は悪くなっていく。

こんな悪循環を生み出さないためにも、最初から無理はしない。そのためには、自分と正直に向き合うことが大切である。

現状をちゃんと把握しておくこと。今、自分は、どこにいて、何をしているんだろうかということと向かい合うこと。この二つができないと、ずるずると無理地獄には

まりこんでいくことになる。

小学校二年生から四年生までをアメリカで過ごしたわたしは、よく三つの質問を先生から聞かれた。

読者のみなさんにも、ぜひ考えてみてほしい。

★あなたがしたいことは、何ですか？

★あなたができることは、何ですか？

★あなたが、今、しなければならないことは、何ですか？

いきなり言われても、

「………」

という人も多いだろう。それは当然だ。

重要なのは、これらを日々意識すること。

意識していると、頭が勝手にいろんなことを思考しだす。そうなればこっちのものだ。脳が活気づくから、元気になるチャンスも増えてくる。

三つの自問自答を繰り返すうちに、自分がしっかり見えてくる。

自分が見えてくれれば、無理をすることなく、しなければならないことと向かい合える。無理をするから、まわりが見えなくなって、しんどくなるのだ。しんどくなれば、当然、元気は出てこない。

わたしの周囲にも無理をしてしまう人がいっぱいいる。無理をしていることと向かい合って、今、本当は、何をしなければならないのかに気づけばいいのだけれど、人はそんなにうまく行かない。

無理をしていることに気づかなくて、心にひずみがくる。

すると、自分の存在価値を知って欲しくて、わがまま言ったり、自信の無さの裏返しで、自分に優しい人、甘い人に行ってしまって、本気で自分を気にしてくれる人が見えなかったり。

だからこそ、無理せず、等身大の自分と向かい合って、自分のことをちゃんと考え出すと、少しずつ、元気が増えてくる。

ちょっと疲れたな、と思ったら、元気を充電するためにも、無理しないで、素直に自分と向かい合ってみてはどうだろう。

★あなたの無理が、誰かを幸せにするなんてことは、決してない。

目標をクリアするたびに、自分をちゃんとほめてあげよう

他人があなたの頑張っていること、一生懸命にやっていることをちゃんと見てくれて評価して、ほめてくれたらそんなにすてきなことはない。

だけど、たいていは、ほめられるよりもチェックされることのほうが多い。そんな日々を繰り返していると、楽しくなくなって当然。その挙げ句、つい
「どうせ、わたしなんてだめなんだ」

とか、

「一生懸命にやっても誰も見てくれないし……」

と、マイナス思考になったりもしたくなる。そうならないためにも、まず、自分で自分をほめてあげよう。

そのためにも、小さくてもいいから自分で目標を立てて、何とかそれをクリアすること。目標をクリアしていないのに自分をほめるわけにもいかない。

営業の仕事なら「新規の顧客を三件ゲットする」とか、事務職なら何か資格を取るなど、できればちょっとは頑張らないと達成できない目標を立てるほうがいい。だけど、その目標を達成する自信がないなら、「今日は、お酒を飲まない」「一駅だけ健康のために歩いてみる」程度の目標でもいい。

まず、何か自分で目標を立ててみよう。

そして、達成できたら自分で自分をほめてあげよう。

「よく、頑張ったね」

「誰も見てなくても、わたしは見てたよ」

「きっと、何かいいことがあるはずだよ」

「わたしだって、やればできるじゃん」

「ほんと、すごい！」

どんなほめ言葉でもいい。自分をちゃんとほめてあげよう。

人って不思議で、自分にほめられても結構うれしくなってきたりする。毎日の生活習慣の中に目標を立てて、それができたら思いっきり自分をほめるというのもいい。

わたしは、自分の毎日の生活の中で、「仕事は、前倒しでやる」という目標を立てている。特に原稿関係など締め切りのあるものは、締め切りより五日前には仕上げるようにしている。

だけど、日々流されていると、その目標をクリアするのは案外難しい。だからこそ、できるだけ頑張って、できた時には、「よく頑張ってるね」と、自分をほめるのだ。

元気に楽しく仕事していくためには、頑張った自分をいっぱいほめてあげよう。きっと新しい元気がわき上がってくるから。

★自分を褒めるのに、ウソは通用しない。
真剣に結果を出し、真剣に褒めよう。

うれしいシチュエーションを自分の中で明確にしてみよう

誰にでも、すごくうれしかったシチュエーションがあるはずである。これまでの人生を振り返って、自分のうれしかったシチュエーションをイメージしてみよう。できれば、こと細かに。

〈うれしかったシチュエーション〉

❶（　　　　　　　　　　　　　　　　　　　　　　　　　　　　　　　）

❷（　　　　　　　　　　　　　　　　　　　　　　　　　　　　　　　）

❸（　　　　　　　　　　　　　　　　　　　　　　　　　　　　　　　）

このイメージをしっかり持っていると、自分軸がぶれない。自分軸がぶれないと、周囲の状況に振り回されないから、元気でいられる。この軸がぶれるから、他人が気になってイライラしたり、嫉妬したりと、元気を失ってしまう。

では、次に、もうひとつイメージしてみよう。

これまでの人生で、手に入れるまでは熱烈に望んでいたはずなのに、ひとたび手に入れてしまったら、それほどでもなかったというシチュエーション。これも思い出してみよう。

〈手に入れてしまったらそうでもなかったシチュエーション〉

❶（　　　　　　　　　　　　　　　　　　）

❷（　　　　　　　　　　　　　　　　　　）

❸（　　　　　　　　　　　　　　　　　　）

手に入れてうれしかったシチュエーションと、そうでもなかったシチュエーション。このギャップが大切である。このギャップがわかっていると、自分の価値観がはっきりしてくる。

自分の価値観がはっきりしたら、うれしいシチュエーションを、できるだけたくさん作るようにする。そうすれば、元気になれて当然だろう。

わたしの場合、二七歳で会社を作って、成功したくて必死だった。そんな中で、ある程度の仕事もできるようになって、黒塗りの高級車にも乗せてもらった。だけど、ちっともうれしくなかった。それどころか乗り心地も悪かった。

そんな時、大学生の男の子たちが、

「大谷さん、合コンしましょうよ」

と誘ってくれただけで、すっごくうれしかった。その時、気がついた。

――わたしは、別に偉くなりたいわけじゃないんだ。みんなに愛されていたいんだ。

それから、わたしのうれしいシチュエーションがはっきりした。若い子たちの夢を応援しながら、笑っていられる自分が一番うれしいんだと。

こんなふうに、うれしいシチュエーションが自分の中で明確になると、元気で幸せでいられる確率が高くなる。

★うれしいイメージがはっきりわかると、それに向かって進んでいける。

期限を切って、先の楽しみを作ろう

元気を維持するためにも「楽しいことを作る」のは、大切。人は、誰も他人の幸せや元気を作るためにいるわけじゃない。だからこそ、自分で自分の楽しみを作って、元気であり続けたい。いっぱい、未来の楽しみがある人はいい。ない人は、この際、自分の楽しみを作ってみよう。

❶一ヵ月後の楽しみ……………………

❷三ヵ月後の楽しみ……………………

❸六ヵ月後の楽しみ……………………

❹一年後の楽しみ……………………

❺三年後の楽しみ……………………

この五つを持ち続けるからこそ、元気を続けることができる。

わたしは、必ず、一ヵ月の間に遊ぶことを企画する。それは、小さな旅行だったり、飲み会だったりする。このようなさしあたっての楽しみは、頑張る材料になる。

三ヵ月以内には、必ず大きな旅行を入れる。そのために頑張って仕事をこなしている自分がいる。

六ヵ月後の楽しみになると、海外旅行だったりする。わたしの場合は、旅行だけれど、べつに旅行である必要なんてない。

友人の一人は、ガーデニングに凝っている。六ヵ月後を楽しみに花を植えるらしい。

また、六ヵ月後ごとに新しい習い事をする友人もいる。

一年後、三年後になると、少し壮大なテーマになってくる。だけど、これがあると、人生がもっと楽しくなる。

わたしの場合は、それが、預金だったり、家のローンだったりする。

「一年で、これだけ預金を持つぞー」

「三年でこれを返すぞー」

とか、そんな思いがあると、頑張れることはいっぱいある。


会社の経営をしている友人は、一年後、三年後の目標を立てて頑張って、会社を大きくした。その間は、目標があるから嫌なことも乗り越えられたらしい。

わたしにとっては、家などのローンが大きかったけれど、一年後、三年後の目標があったから、楽しく頑張れた。借金をマイナスにとらえる人も多いけど、目標にすると、返す楽しさが生まれたりする。

一年間でこれを学ぼう……なんていうのもいい。期限があると、楽しく頑張れる。

一年後を目指すというのは、チャレンジ精神の源にもなる。

三年後は、本当にどうなっているかわからない。だけど、わたしの経験から言うと、具体的な目標を思い描いて努力していると、けっこう叶ってしまうものだ。

三年後を思い描いて、元気に楽しく人生を送ろう。

★具体的な期限があれば、それに向けて頑張るのも楽しい。

ハードルとごほうび、どちらも大事

何か頑張った時、一生懸命にやった時、ごほうびがないよりあったほうがうれしい。だけど、他人は、ごほうびなんてなかなかくれない。だから、時には、自分で自分にごほうびをあげる。そのかわり、

「ちゃんと、頑張ろうね」

と、自分にハードルも与える。


仕事でも子育てでも家事でも、きりがないことが多い。流されてやっていると、うんざりしてくることっていっぱいある。

「いつまで、こんなことしてなきゃならないんだろう」

なんて考え出すと、元気もなくなってきて当然。だからこそ、自分でキリをつける。そして、

「これができたら、自分にごほうびをあげよう」

と、自分に言い聞かせるだけで、少しはモチベーションも上がるはず。


わたしは、自分で自分に売り上げのノルマを立てている。そして、

「絶対にこれができたら、海外旅行に行くぞー！」

と、ごほうびも考える。そして、日々、数字とにらめっこしながら、はりきっている。


かつて、「毎年、本を出す……」というのも毎年自分に課していた目標だった。そのためにネタを集めたいからいろいろなことにチャレンジしていた。

これは、昔、大好きなユーミンが、あるインタビューで、

「自分のためにも毎年、アルバムを出す」

というようなことを語っていて、「すごい」と思ったことから始まっている。

「いつか、『わたしも毎年○○にチャレンジする』」

と言い切れるような人になりたいと思った記憶があるからである。

でも、これがやってみると結構大変。つい、弱気になったり、めげそうになる。だけど、

「この原稿を書き上げたら、自分へのごほうびで、旅行に行くぞー」

と、自分を励ますと、不思議と筆が進むのだ。


今のわたしは、「毎年何か新しいことにチャレンジする」と決めている。

時には、自分へのごほうびが物である時もある。あまり物欲はないけれど、時計だけは好き。

だから、

「頑張ったごほうびにあの時計を買うぞー」

などという場合もある。

あるいは、ごほうびが人である時もある。

「これとこれと頑張れたら、彼とご飯食べよう」
などというのもある。実際、先に
「今のこの仕事終わったら、一緒にご飯食べてね」
とステキな異性の友人や、大好きな同性の仲間にアポを入れておくと、すごく頑張れる。特にわたしには、これが効果があるみたい。

デートも自分へのごほうびにすると、自分が頑張るための材料になる。

ごほうびがあるだけで、元気にハードルと向かい合える。

一度は、じっくり、自分が頑張らなければならないハードルと、ごほうびを考えてみよう。

★ハードルの高さ設定と、ごほうびの適正価格は、
自分がいちばんわかってるはず。

朝六時に起床、七時過ぎに家を出て電車で羽田空港へ向かう。一〇時の飛行機で福岡空港へ。博多で鬼塚税理士事務所さんのお客さん向けの賀詞交換会での講演会。講師として推薦してくださったのは、TKC出版の土屋さん。ほんとありがたいです。

「早く着いたら博多でラーメンでも食べよう」と、余裕を持って出てきたはずなのに、飛行機も若干遅れたのと、ちょっぴり道に迷って、意外と時間に余裕無かった。

ありがたいのは、飛行機の中でもWi-Fiが使えてメールチェックもできれば、インターネットもできること。十数年前には考えられなかった。世の中の進化に感謝。

三十数年前、吉本興業に入社した時には携帯電話もインターネットも無かった。公衆電話から会社のデスクに電話して、仕事の指示を仰いでいた。あれから、留守番電話ができて、ポケベルができて、今ではLINE。三〇年前からすればありえない世界かも。

賀詞交換会
いろんな人と名刺交換
唐津ロイヤルホテル
大浴場
いつのまにYouTubeの時代になったんだろう

　そんなことをしみじみ考えながら、講演会場に入らせてもらった。そこで税理士事務所で働く女性から、

「You Tubeで大谷さんのこと見せていただきました」

　と、言われてちょっと照れくさい。でも、ほんまにいつのまにYou Tubeの時代になったんだろう。

　講演会が終わって、賀詞交換会のパーティに参加。いろんな人と名刺交換を。

「前にも大谷さんの話を聞きましたよ」

　そうおっしゃってくださったのは、積水ハウスの西岡部長。前回は、岡山でお会いした。

「いつも大谷さんを推薦しているよ」

　ほんと、たくさんの人に支えられていることを実感。それだけに常に旬の情報を提供できる自分でありたい。そのためにも感度を磨いておきたい。終了後、一時間半ほどかけて唐津に移動。唐津ロイヤルホテルの大浴場に入ったら、眠たくなってきた。

大谷由里子の元気の素

落ち込んだときに立ち直る力

わたしは、阪神大震災の時、売上げの九五パーセントを失って、仕事もなくて、どうしようもない状態でした。

でも、神戸のメンバーに励まされて、切り替えることができた。そうして、どうしたか。

今の自分にあるものはなんだろうと考えたんです。そうしたら、時間だけは、山ほどあった。

これまで、ずっと忙しく働いてきて、時間があったら何をしようと思ってただろう、そうや、わたしは、若い子にメッセージしてみたかったんや。人生にいっぺんぐらい、必死になって仕事してみようって。

それを、ワープロに向かって一生懸命書いて、それが、『吉本興業女マネージャー奮戦記』という一冊の本になって出たんです。そこから、たくさんの出会いのチャンスをもらえることになったわけです。

でもね、わたしの周りには、わたしなんかよりもずっと上手がいました。


その人は、大ぞの千恵子さん。元学校の先生だったんですが、今は「ミキプルーン」を日本全国売って歩く、営業ウーマンです。

その彼女が、震災にあった。得意先のお客さんが心配して電話しますよね。

「大丈夫か」

すると、彼女は答えるんです。

「わたしは神戸に住んでるのよ。大丈夫なわけないじゃない。でもね、今のわたしを励ますのは、注文よ」

心配して電話したら、みんな注文してしまった。その切り替えの速さ。

こうして、彼女がそのときに取った注文数は、いまだに誰にも抜かれてない、といいます。

今の日本で、若い人にできないものって何かって考えてみると、それは、「失敗する」ということなんです。彼らがいちばんさせてもらえないのは、「トライ&エラー」ということ。

そうして、失敗したとき、落ち込んだときに、どう切り替え、どう立ち直り、何に夢中になっていけるか。その力をつけてあげなくてはならない。

昨日は今日を保証するものでもないし、今日が未来を保証するものではない。そのことを、阪神大震災ですべてを失ったわたしは、本当に、実感してるんです。

プロジェクト型研修

ここでちょっと実験してみましょう。

みなさん、目をつぶってください。右手を挙げてください。下ろしてください。左手を上げてください。下ろしてください。

では、目を開けて、隣近所の方と、目と目を合わせてみてください。

今、目があった方と、恋愛してください。

はい、無理ですね。今、どういうことをしたかというと、「目をつぶってください」「手を挙げてください」というのは、全部行動なんです。行動なんか、なんぼでも変えられるんです。でも、「恋愛をする」のは、感情です。感情とか性格というようなものは、そんなに簡単に変えられるものじゃない。

だから、落ち込んだときには、行動を変えることが大事なんです。

研修を通じて「プロジェクト」を立ち上げ、その中で行動する楽しさを気づいてもらう。また、行動すると、人間は必ずつまずく。つまずいたときに、勉強することが大事だと言うことに気づいてもらう。それが、今、私たちのやっている「プロジェクト型研修」です。

この型の研修を通して「感じて、興味を持って、動く人づくり」をしています。

「Why」と「How」

アメリカ人に言わせると、「日本人は『Why?』を使いすぎだ」って言います。

研究者の「Why」は必要かもしれない。なんでこういう結果だったんだろう、ではそれは、なんでだろうって考え続けることで、答えが出てくるから。

だけど、責めるときの「Why」は違います。「なんでできへんの?」「なんでこうなったん?」。「Why?」と聞かれると、「Because」と答えることになりますよね。つまり、言い訳する人間を、日本人は自然に作っているというんです。

考えてみたら、「なんでできへんねん？」って聞きながら、「言い訳すな！」って怒るんだから、おかしな話ですよね。

どうせ問いただすのなら「Why」を使っても「How」を使っても同じやろうって思うんですよ。「この失敗をどうしてくれんねん」って怒っても同じやろう。

アメリカ人に言われて、なるほどって思いましたね。だから、わたしは、言葉を変えようって言うんです。

京北町の、若者作りプロジェクト

京都の京北町は、人口六千人の小さな町です。そこの町から依頼がありました。

「町も企業と一緒や。町作りのために、うちの町の若い子を一緒に作ってくれへんか」

二五歳の役場の男の子に白羽の矢を立てて、彼が二〇代の若者を集めてくれました。ところが、そんな彼が言うんです。

「大谷さん、わかってるか？　町長は甘い。この町に残ってる若いヤツらといえば、元ヤンキーか、悪さしてたヤツか、親に無理矢理戻されたヤツしかおらへん。こんなメンバー集めて何すんねん。言うたら悪いけど、誰も文章なんかしゃべられへんぞ。みんな単語やで」

忘れもしません。初日、役場に並んだ車はみんな改造車。集まったのは、茶髪、ニッカボッカ。そんな若者相手に、ひたすらコーチング。

「君ら、何がしたい？　何やったら、やる気になる？」

わたしはもう、百回くらいは、お金を返してやめようと思いました。

だけど、最初は

「何ゆうてんの、このおばはん」みたいな反応だったのが、半年めくらいから、何となく、会議の後に私の部屋にしゃべりに来るメンバーが出てきた。

七ヵ月、八ヵ月めくらいの頃には、朝起きると、なぜか私の部屋に五人も六人も寝てる、という状態になってきたんですね。

そうして、一年。彼らは、町長に提言するだけではなく、自分たちから、町の若い子たちを巻き込んで、イベントまでやり出してくれるようになった。

二五歳の大工やってる男の子が言うてくれた。

「やっとわかったわ。俺ら、めっちゃ中途半端やろ? そんな俺らでも、誰かが真剣に話を聞いてくれて、みんなで何かやったら、中途半端やなくなるんやね」

それを聞いた瞬間、わたしも町長もウルウル状態ですよ。

「君ら…いつから文章しゃべれるようになったんや」

ってね。

第6章

元気の素は、やっぱり「人」

優しい人がそばにいますか？

あなたが、「この人は、優しい」と思う人を思い浮かべてみてください。できれば、五人は、思い浮かべてください。そして、その五人を書き出してみてください。

❶（　　　　　　　　　　　　）
❷（　　　　　　　　　　　　）
❸（　　　　　　　　　　　　）
❹（　　　　　　　　　　　　）

❺（　　　　　　　　　　　　　　　　　　　）

その五人を大切にしてください。どうすれば、その人と多くの時間を共有できるか、どうすれば、その人のそばにいることができるか、どうすれば、その人と親しくしていられるかをじっくりと考えてみてください。

わたしが、いつも元気でいられる理由をじっくり考えてみた。そして、気がついたこと。わたしが元気でいられる場所を作ってくれる人がいっぱいいるということだった。そして、そんな場所を作ってくれる人は、みんな優しい。

つまり、わたしが元気でいられるのは、優しい人に囲まれているからだった。だからこそ、みんなにも、優しい人に囲まれて欲しい。

だけど、優しい人は人気者。誰だって、優しい人の傍にいたい。そして、優しい人にかぎって、自分から率先して誘ってこない。なぜなら、相手の都合を気にするから。

そして、優しい人に限って、好き嫌いが激しい。なぜならけんかしたり言い合いになるのが嫌いだから、そっと、嫌いな人から離れて行く。

だからこそ、優しい人にそばにいて欲しかったら、まず、自分が優しい人に受け入れられる人にならなければならない。

そのためには、優しさをもらうばかりじゃダメ。優しさを与えるということも大切。ただし、この優しさは、もらう人とあげる人が一致しなくてもいい。優しい人は、あなたが他の誰かに優しくしている姿を見ても、ちゃんと

「この人は、優しい」

と、気付いてくれる。

自分が優しいから、他人の優しさに気付ける。そして、

「他人に優しくできるこの人は、人の優しさがわかる人だから、自分が優しくすることも気付いてくれる」

と、本能的に感じてくれる。

優しい人に囲まれているとなぜ元気になれるのか。理由は簡単。

失敗も成功もちゃんと受け止めてくれるから。

失敗しても笑って許してくれるし、成功してもねたんだりせず、一緒に喜んでくれる。人生、一回きりなんだから、できるだけ優しい人にそばにいてもらう努力もしてみよう。

これって、すごく幸せになれるし、元気になれる。

★そして、気がつくと、自分も優しい人として、みんなに愛されている。

会いたい人がいるから、頑張れる

会いたい人がいるだけでモチベーションは上がる。

仕事をしていると、しんどいことなんて山ほどある。特に営業とかになると、

「何となくお客さんのところに行くの嫌だなあ……」

なんていう日は、誰にでもある。そんなとき、どう自分のスイッチを切り替えて、
気の進まない一歩を踏み出すことができるのだろう。


もちろん、むやみに動くことがいいとも思わない。だけど、やっぱり足を運んでみなければわからないこともいっぱいあるし、肌で感じることもとても大切である。

現実問題として、ちょくちょく顔を出し、気軽に会いに来てくれるフットワークの

軽い人の方が、好きになる確率も高い。だから、特に仕事などの場合には、無理してでも動かなければならないことは多い。だけど、最初の一歩がなかなか踏み出せない。

そんなとき、わたしは、必ず、会いたい人を作る。
あの人に会えたらうれしいな。
そう思う人がいるだけで、その会社に行くのが楽しくなる。

取引先だけじゃない。
「この仕事が上手くいったら、その報告がてらに、○○さんに連絡してみよう」と思える人を作ると、気分が乗らない日でも、結構頑張れる。実際に人って、年齢を重ねると、何も理由なく会うことが難しくなる。

だけど、それは自分で壁を作っているだけ。勇気を出してその人に、
「今、こんなことにチャレンジしているんですけど、うまく行ったら、一緒にご飯食

べてくださいね」

などとメールしてみる。相手から、

「うまく行くことを期待してます」

なんていう返事が来たら、めっちゃモチベーションアップである。会うまでに、時々仕事のプロセスなどを報告しておけば、会った時にも話がはずむ。

しばらく連絡が取れていないけれど、会いたい人を五人、思い浮かべてみよう。もちろん、まだ、会ったことがないけれど会いたい人でもいい。

❶（　　　　　　　　　　　　　　）

❷（　　　　　　　　　　　　　　）

❸（　　　　　　　　　　　　　　）

❹（　　　　　　　　　　　　　　）

❺（　）

思い浮かんだら、自分が今の状態からどうなったら、その人と会えるかを考えてみる。不思議なもので、「この人に会いたい」と、強く思って努力していたら会えるものなのだ。

わたし自身、『禁煙セラピー』『恋愛セラピー』を読んだ時から、「絶対、ＫＫロングセラーズの人に会って、『元気セラピー』を出したい」と、思っていたら、まさに会えた。

会いたい人がいるって、幸せなこと。そして、その人がもっと大きな幸せを運んできてくれることだってある。

まず、会いたい人を思い浮かべよう。その思いは、必ず元気の素になる。

★まず思うこと、そして、勇気を出してその人に、働きかけること。

バカになるっていいよね

阪神大震災の時に、当時、企画会社を経営していたわたしは、売り上げの九五パーセントを失った。それでも社員の給料も払わなければならないし、オフィスの家賃も社会保険もコンピューターのリースも払わなければならない。

だけど、その時のわたしには、なすすべなんて何もなかった。そして、

「困った時は、いつでも言っておいで」

と、普段から言っていた人が、いかに頼りにならないかを思い知らされた。

わたしが、困っていることを言うと、

「大変だね」

「頑張りや」

とは、言ってくれるものの、話を聞かなかったふりをした。

わたしのために骨を折ってくれたのは、普段から一緒にバカなことをやって遊んでいた、りそな銀行（当時は、大和銀行）のメンバーの一人の荒木くんだった。

彼は、小企業の社長であったわたしに、ズバズバときついことを言った。

「社長なのにそんなことも知らないいんですか？」

などと、当時、日経新聞も読まず、常識的なことも知らなかったわたしは、よく責められた。だけど、本当に困った時に助けてくれたのは、彼だった。

取引のデータを元に、

「今は一時的に大変でも取引先が安定している」

と、情報をきちんと並べて、何千万かのお金を借り入れできるようにしてくれた。

この話をしたら、志木市の市会議員の友人が言った。彼が二〇歳代で、選挙に出ると言うと、賢い友人は、みんな止めたらしい。

「その時に、必死で僕のことを応援してくれたのは、元暴走族のやんちゃな友達ばかりやった」

損得考えないから人のために必死になれることってたくさんある。わたしも、そういう意味ではあんまり賢くない。賢かったら、要領良く逃げていたことだって、今から振り返ったらいっぱいある。

二三歳の時のわたしは、横山やすしさんが、事件を起こさずに機嫌良く仕事をしてくれることに必死だった。理由は、自分が担当しているタレントである以上、彼が駄目になる姿を見たくなかったから。だけど、今から振り返ったら、そのために、わざわざ、彼の彼女と奥さんが鉢合わせしないように、必死で嘘をついたり、酔っ払った彼を夜中まで見張る必要なんて、どこにもなかった。

それでも、当時のわたしは、バカみたいに一生懸命だった。そして、バカになって一生懸命やれたから、横山やすしさんに信頼されたわたしがいた。これが、今のわたしにつながっているのだから、バカもそんなに悪くないのではないか。

★バカになって人を助ける素晴らしさは、利口な人には一生わからない。

わくわくする人を、いっぱい作る

「どんな時に元気になる？」

と、いろんな人に聞いてみた。

若い子たちに聞くと、圧倒的に多かった答えは、

「好きな相手からメールが来た時」（今ならLINE）

だった。年配の人に聞くと、

「孫から電話があった時」

とか、

「孫から手紙が来た時」

などというものが多かった。つまり、年代にかかわらず、自分がわくわくする人か

らコンタクトがあった時に、人は元気になれるわけである。ということは、「わくわくする人がいる」ということが、とっても大切。わくわくする人がたくさんいればいるほど、人はより元気になる機会が多くなる。

どんな人から手紙やメールや電話があると元気になれますか？
できれば、そんな人を三人は持とう。

❶（　　　　　　　　　　　　　　　　　　　　　　　　　　）

❷（　　　　　　　　　　　　　　　　　　　　　　　　　　）

❸（　　　　　　　　　　　　　　　　　　　　　　　　　　）

わたしは、友人でも仕事仲間でも、わくわくする人がいっぱいいる。これって、とても楽しい。パソコンを開くのも楽しみだし、携帯メールも楽しみ。それどころか、天気予報を見るのも楽しい。

「彼が住んでるとこ、天気どうかなあ?」

などと考えながら、テレビを見る。そして、天気をネタにメールやLINEを書ける。

「台風、大丈夫でしたか?」

返事が来たら、それもまたうれしい。これだけで元気になれるわけだから、ずいぶん安上がりだ。


わくわくする人がいるって、それだけで素敵なことだ。べつに異性にこだわる必要もない。大好きな同性の友人であってもいいし、家族でも親戚でもかまわない。どういう関係であろうと、あなたがその人とつながったとき、わくわくする人であればいいのだ。

わくわくする人の作り方は、やっぱり、人を好きになる癖をつけること。それには、まず、自分が人の文句ばかり言って非難ばかりしていないかを考えてみることだ。文句ばっかり言う人と話をしてもおもしろくない。そんな人を誰も好きになってくれないし、好きになってもらえなければ、ますます文句を言ったり非難したりしたくなる。

この悪循環に陥れば、

「どうせ誰も自分をわかってくれない」

と、自分で殻を作って、元気をなくす原因を作ってしまう。


相手がどうのこうのじゃない。ウソでもいい、自分から「あの人が好きだ」と思ってみよう。もちろん、誰でも彼でも好きになれるわけじゃない。だけど、間口を広くあけて、出会った人を好きになってみる。そこから、本当にワクワクさせてくれる人が現れるかもしれないではないか。

元気になるきっかけを作るためにも、まず、自分から「わくわくする人を作る」。

今、わくわくする人がいないなら、まず、そういう人を深すことから始めてみて。

★同じ「他人を利用する」なら、こういう利用の仕方。

相手と自分のペース、ずれてない？

人と人には、お互いが元気で楽しくいられるペースというものがある。どんなに好きな人間でも、ずっと一緒にいると嫌になるかもしれない。また、相手によって、会うのにちょうどよいペースは、一人ひとり違ってくる。

三日に一度一時間ほど会うことがベストの相手もあるだろうし、一年に一度、ゆっくりと会うことがベストの相手もある。また、「この人とは二時間以上一緒にいると同じ話になってつまらなくなる」という相手もいるし、自分は、毎日、何時間でも会っていたいけれど、相手は、三日に一度二時間くらいでよいと思っていることもある。

だからこそ、自分とその人とは、どんなペースでどのくらいの時間一緒にいることがベストかを考えることが、お互いに無理なくよい関係を続ける秘訣なのだ。

この際だから、自分の周囲の人を五人、どの人とどんなペースでどのくらいの時間会うことがベストかを考えてみよう。自分にとって大切な人ほど、よい関係を失わないためにも、このペースを考えてみたい。

	相手	どんなスペース	どのくらいの時間
❶	（　　　）	（　　　）	（　　　）
❷	（　　　）	（　　　）	（　　　）
❸	（　　　）	（　　　）	（　　　）
❹	（　　　）	（　　　）	（　　　）

たとえば、親、兄弟でもこれに当てはめてみると、いろいろと考えさせられる。わたしは、母親と二時間いると、しんどくなる。やはり、年をとると、ぐちが多くなる。わたしのこと、親戚のこと、兄弟のこと、いつのころからか、一緒にいると口をつくのは、ほとんどぐちばかりになってきた。

気持ちはわかる。たしかにわたしは、自分の娘を母親に預けっぱなしにして、自分勝手に生きてきた。

だけど、三〇分以上、聞いていると、こっちもしんどくなる。だから、わたしは、三〇分くらいで母親と一緒にいるのを切り上げる。そして、会うのは、月一回くらいにする。それが、お互いにもめないちょうどいいペースなのだ。

部下でも仕事仲間でも同じだ。

毎日、同じ顔ぶれで、同じ話をしていても元気になれるはずがない。しかも、お酒が入って何時間かすると、くどい人とか、同じ話を延々とする人も出てくる。それでも、良い情報を提供してくれたり、何時間かは、元気をくれる人も多い。そんな人は、できるだけ、昼食の時間帯に約束するようにしている。

相手だけでなく、自分のことを考えよう。その相手といて、自分が心地よくいられる時間と間隔を、しっかり見極めよう。もちろん、相手が自分をどう見ているのか、考えることも必要だ。わたしも、すぐに気に入った仲間だと、深夜まで連れまわしたりしてしまう。そして、次の日、

「大谷さんとは、三年に一度、一時間くらい会うのがちょうどいいや」

と、思われていないか、反省している。

お互いが元気で楽しくいられるペースを計ることって、結構難しい。

でも、複雑な人間関係をスマートに生きてゆくためには、どうしても避けては通れない、ちょっとしたテクニックなのである。

★人間関係の達人は、「距離」と「ペース」の配分が絶妙。

若い人たちに、あえて巻かれてみる

若い人を否定しだすと、元気がなくなる。なぜなら自分たちを正当化することにエネルギーを使わなければならなくなるから。

だからといって、若い人たちに何でもかんでも気を使って迎合するべきだと言っているわけでもない。ただ、楽しく若い人たちに巻かれると、視野も広がるし、人生も楽しくなることは間違いない。

もっとも、「若い人」といっても人それぞれ、思い浮かぶ人も違うはず。自分にとって、「若い人」って、誰だろう?

そんなことをじっくり考えてみるのも楽しい。

★あなたにとって若い人は、誰ですか？

そして、こんなことも考えてみよう。

★あなたは、どんな若い人と出会いたいですか？

★あなたは、若い人とどんな話をしたいですか？

★あなたは、若い人からどんな話を聞きたいですか？

それらに対する答えを、自分の中にしっかり持っていないと、なかなか若い人とコミュニケーションも取れないし、きっかけも生まれない。

わたしは、自分の行き先がわからず悩んでいる若い子たちに会いたかったし、彼らが自信を持つような研修をしたかった。そして、彼らから、いろんな「思い」を聞きたかった。

そのような思いを持ち続けていた結果、実際に、今は、そんな若い子たちに囲まれて、彼らと共にいろんな経験ができ、とても楽しいし、幸せだし、彼らからいっぱい元気をもらっている。

よく、わたしのところに年配の人が来て、

「若い人に語りたい」

という。たいていの場合、わたしは、断る。なぜなら説教をしたがる人が多いから。若い子たちは説教が嫌い。逆に、

「この人こそ、若い人に語ってもらいたい」

と思う人には、頭を下げてお願いする。

その差は何か。若い人たちに巻き込まれてくれる人かどうかである。彼らからのつ

まらない質問でも楽しんでくれたり、彼らを本気で受け止めてくれるかどうかである。

そして、気付いた。若い人たちに巻き込まれてくれる人は、みんな心が元気だった。

理由は、簡単。

「若い子たちに巻き込まれてやろう」

「若い子から吸収しよう」

と、思う時点で、キャパシティが広くなっている。包容力が出てくる。そして、心の余裕がある。

★若い人も否定しない、今の自分も否定しない、そんな心の余裕を持とう。

近づいちゃだめな人物

世の中には、人の元気を吸い取る人がいる。

そういう人に近づかないことも、自分の元気を続けるためには必要だ。どうしても、その人と一緒にいなければならない時は、「この人は元気を吸い取る人だ」と、覚悟して、長い時間その人と一緒にいない工夫を考えよう。

では、「人の元気を吸い取る人」は、どういう人か。

ずばり、「自分を正当化することにエネルギーを使う人」である。

たとえば、議論というのは、お互いを成長させるためにするものだ。だけど、何人かで議論すると、なんとか相手を言い負かそうとする人が必ずいる。自分の思いどおりにいかないと気に入らない人も、必ずいる。彼らは、他人の話を聞かない。一緒にいても疲れるだけである。そういう人は、他人の元気を吸い取る。

「自分が中心でなければ気がすまない人」もそうである。何人といても、全員が自分の話を聞いていないと気がすまない人はいる。

かつて、わたしがマネージャーをしていた横山やすしさんがそうだった。何十人で飲んでいても、みんな彼の話をじっと聞かなければならなかった。個別に話をしていると、怒り出す。正直、そんな飲み会は楽しくなかった。みんな疲れるだけだ。

そんな人にかぎって、本当は、寂しがりやだったりするのだけれど、やはり、一緒にいると疲れる。

本人は意識をしていないけれど、「人の元気を奪う人」も、必ずいる。少なくとも、わたしはそんな人をいっぱい見てきた。

たとえば、芸人さんでも、彼自身は、どんどん売れていくのに、彼の弟子は、みんな元気がなくなっていくようなとき。本人はまったく気づいていないが、その芸人さんは、「人の元気を奪う人」なのである。

ビジネスの世界にも、そういう人はいる。その人の傍にいると、たしかに仕事はもらえるけれど、何となくみんな、元気がなくなって行くということはある。

この際だから、自分と、こっそりと向かい合って、自分から元気を奪う人を考えてみよう。きっと、誰にでも三人くらいは、浮かぶはずである。

❶（　　　　　　　　　　　　　　　　）

❷（　　　　　　　　　　　　　　　　）

❸（　　　　　　　　　　　　　　　　）

自分から元気を奪う人が、はっきりしたら、できるだけ近づかない工夫をするようにしよう。自分の元気を奪うものを遠ざけ、自分を守ることを忘れてはならない。

★どうしても逃れられない場合には、せめてその人が「元気を奪う人」だと知っておこう。

私の土曜日

今日は、佐賀県の唐津ロイヤルホテルで、佐賀県商工会議所連合会の青年部さんで講演。昨日からここに泊まっているので、とっても安心。朝起きて、お風呂に入って、メールをチェック。

一一時チェックアウトで待ち合わせは一四時なので三時間くらい余裕がある。せっかくなので、唐津を散策することに。まずは、有名な虹の松原を散歩。約百万本の松があるらしい。静かで雰囲気がある。

散歩すると、お腹が空いてきた。

「何食べようかなあ」

やっぱり、呼子のイカかなあ。それとも、佐賀牛。地域活性の仕事をしていると、地域の名産には詳しくなる。ネットもあって、とっても便利。

「唐津」「美味しい店」「ランチ」と、検索。佐賀牛のステーキかハンバーグで悩んで、結局ハンバーグランチを選択。美味しいものを食べている時って幸せ。

佐賀県商工会議所
連合会
講演
僕初めて
寝ませんでした
寝かせた講師
なんで
寝かせるねん!!
福岡→東京へ

「なんか、ネタないかなあ」と、商店街を散歩。古い建物のカフェを発見！さっきの佐賀牛の店もこのカフェも若い子たちで混んでる。

そして、講演会。講演のテーマは、地域活性と人材育成。他の地域の成功事例などを入れ、張り切って講演。ありがたいことにいろいろ質問も出て、とっても盛り上がりました。帰りに花束とお土産までいただきました。主催ご担当者のひとりが、

「僕、初めて講演で寝ませんでした」

と、言ってくれた。でも嬉しくない。

「なんで、寝かせるねん！」

と、寝かせた講師を突っ込みたくなった。

「人の時間を奪っちゃダメ」

「ためになって、元気になる話をしなきゃダメ」

と、主宰する講師塾で腕を磨いている講師には、いつも言っている。

講演が終わって、福岡空港に。東京に無事到着。明日は、五時に起きてベトナムです。

第7章

ヤル気が満ちる日常生活

ウォーキングで元気になる

ウォーキングが有酸素運動で、健康に良いことは今さらわたしが言うまでもなく、いろんなところで述べられている。それに関しては、専門の本も出ているし、しょっちゅう雑誌の特集にもなっている。また、インターネットのサイトでも、たくさん見つかる。

しかし、あらためて言いたい。

歩くと、本当にいいことばかり自分に起きる。

実際、わたしもよく歩くし、わたしの周囲の元気な人たちも、ほんとによく歩いている。

「ウォーキングを始めてから体の調子がいいの」

という人とはよく出会うけれど、

「ウォーキングで体の調子が悪くなった」

という人は、今のところわたしは、ほとんど聞いたことがない。

ある精神科の先生からは、

「ウォーキングで患者さんのうつが治った」

という話を聞いた。

ここで、わたしが医療のことを言う資格はないけれど、わたしも落ち込んだ時や行き詰まった時など、ひたすら歩いたりする。

歩きながら、いろんなことを考える。すると、行き詰まっていたことがスーっと解決したりするのだ。原稿なども、よく歩きながら考える。すると、なぜか素敵なテーマが次々と浮かんでくる。

生きていると、人間関係で悩むことは、本当に多い。言いたいことが言えなかったり、言ってしまって後悔したり、自分が正しいのか正しくないのかさえわからなくなることが、山ほど出てくる。相手の言うこともわかるけれど、納得できない時などほんとにつらい。

そんな時こそ、わたしは、歩く。しかも、できるだけ明るい場所を歩く。川べりを歩くこともあれば、商店街を歩くこともある。どこを歩いても、まわりの景色を見ながら歩くようにしている。すると、いろんなものに気が行って、いつのまにか、何で悩んでいたのかを忘れることもある。

気がまぎれると、

「小さなことなんて、どうでもいいや」

という気分になる。

歩くということは、心の元気にも体の元気にも絶対いいと、わたしは、自分の身を持って感じている。

★歩きながら考えると、机の前では決して出てこないアイデアも浮かぶ。

おいしいものが元気を運んでくる

おいしいものを食べるだけで、元気になった経験はないだろうか。

元気がない時こそ、友人か家族を誘って、おいしいものを食べに行こう。そんな時のために、「これを食べたら元気になる」とか「この店のこれを食べたら幸せになれる」というリストを持っておくといい。

あるいは、「いつか、ここでこれを食べよう」なんていうのでもいい。

友人や家族が落ち込んでいる時に、

「おいしいものを食べよう」

の一言が効くこともある。わたしの父は、かなり長い間、入院していた。そして、母親は、それに付き添っていた。

そんな中で、母親の姉が、一週間、毎日仕出し弁当を差し入れた。二〇〇〇円の弁当だったらしいけど、母親は、それがとてもうれしかったみたい。会うたびに、

「ほんと、あの弁当は、おいしかった」

と、言う。

最近は、旅館やホテルでも、カロリーコントロールしている人や病気の人のことも考慮してシェフが腕を振るってくれるサービスもある。値段は、決して安くはなかったりするけれど、それで疲れ果て、沈み込んでいた心が元気になれるのなら、決して高くはないじゃないか。

たまには自分を元気にするために、おいしいものにチャレンジしよう。

友人に、四〇歳を過ぎて一人暮らしをしている女性がいる。普段は、仕事も充実していて、何の不満もないけれど、時々、ふと寂しくなることがあると言う。

そんなとき、彼女はコンビニで、おいしいデザートを買って帰る。そして、おいし

いコーヒーを入れて、ゆっくりとスイーツを味わうのだ。
「それだけで、結構、元気になるんだよね」
と、彼女は笑う。

一人で食べるよりも、気の合う仲間とおいしいものを食べるほうが、さらに元気になる人もいる。そんな人は、おいしいものを一緒に食べる友達を、あえて意識して大切にしておくのもいい。戦略的に何人かの友人をキープして、おいしいものを食べに行く約束をしておいて、元気を充電するという方法もある。

夫婦喧嘩をしたとき、子供と言い合いをしたときこそ、わたしはできるだけおいしいものを作ることにしている。おいしいものを食べているうちに、心がなごんでくる。おいしいものは、人を元気にしてくれる。

★体の中で、胃袋がいちばんてっとり早く幸せになってくれる。

おしゃれして、外から自分を変えてみる

新しい服を着たり、美容院に行くと、気分がガラッと変わる。たまには、思いっきりおしゃれをしてみよう。お気に入りの格好で街に出るだけでも素敵だけれど、せっかくだから友人と約束して映画を見たり、ご飯を食べたりするのもいい。まず、おしゃれをしてみよう。

自分のことを「どうでもいい」と思いだすと、元気なんて勝手になくなっていく。なぜなら、流されて生きているだけの自分になってしまうから。だからこそ、たまには、おしゃれもして、素敵な自分を演出することも必要。鏡に写った自分に酔いしれて、ワクワクするのも、時にはいいものだ。

化粧が濃いことがおしゃれでもなければ、高い服を着ることがおしゃれでもない。鏡の中の自分が素敵に見えることがおしゃれである。

ファンデーションだけで、特別な気分になる人もいれば、口紅の色を明るく変えてうっとりする人もいる。お気に入りの服を着てワクワクする人もいれば、新しい服を着て幸せになる人もいる。スカーフを巻くことでちょっと違う自分を演出する人もいれば、ブローチなどのアクセサリーひとつでおしゃれに変身する人もいる。

とにかく、鏡を見て、自分の気が引き締まる瞬間があればいい。どんなちょっとしたことでも、おしゃれをして、ワクワクする瞬間があることがとっても大切。

特に、失恋したり、失敗した時こそ、おしゃれでいよう。やつれた自分を見つめると、よけいに自己嫌悪になる。思いっきり、おしゃれして、嘘でも、

「新しい気持ちになろう！」

と、自分を励ましてあげよう。鏡の中の自分に、

「ステキだよ」

と、語りかけてあげよう。


おしゃれをするという行動は、てっとり早く気分を変える方法である。でも、それだけではない。

自分のおしゃれの中に、「気合の入るネクタイ」とか、「ラッキーカラーのセーター」なんて持っていると、気分転換にもっと役立つ。

内面も大切だけど、外面からでも元気になれる。

★必要なのは、日常を少し離れてワクワクする自分。

勝負グッズで気合いを入れる

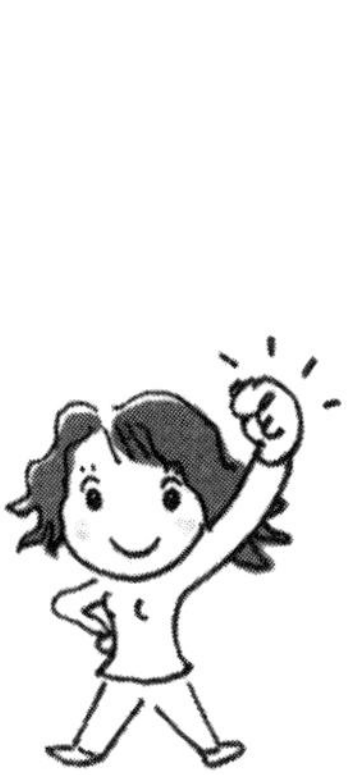

これを持っているだけで元気になる…というものを持つと強い。勝負服などという言葉があるように、「この服を着ると気合が入る」とか「このカバンを持っていると絶対に成功する」という気持ちになれるものを持つと、自分にメリハリがつく。何でもいい。自分を元気にしてくれるお気に入りのものを持とう。

彼からもらった腕時計でもいいし、娘からもらったハンカチでもいい。ストーリーのあるもののほうが、意識しやすい。何もないなら、自分で「気合の入るお気に入り」を作ろう。

自分にスイッチの入るものを持っているだけで、時として元気をもらえる。

たとえば、占いなども、自分にはずみをつけるために利用したらいい。「青があなたのラッキーカラー」と言われたら青いものでお気に入りを何か持つのだ。

それを持つだけで、何となくその日はツキがあるように感じられる。人間なんてそんなに強いもんじゃない。何かにすがりたい日だっていっぱいある。自分をてっとり早く元気にしてくれるものは、意外と簡単なお気に入りのものだったりする。


友人に、広告代理店のトップ営業の女性がいる。彼女は、毎年、何億もの売り上げ目標をクリアしている。だからといって、バリバリやっているタイプでもない。涙もろいし、すごく繊細なところもある。そんな彼女が、こんなことを言った。

「わたしのラッキーカラーは、オレンジなの。だから、できるだけ毎日、何かオレンジ色のお気に入りのものを持ってるの。そして、『絶対にこれがあるから大丈夫』って、自分に言い聞かせているんだ」。

そう言われて思い起こせば、彼女のお気に入りには、たいていオレンジ色が入っている。オレンジ色のバッグを持っていたり、化粧ポーチがオレンジ色だったりするのだ。自分のペースで働きながら、いつの間にか最大の成果を上げている。そんな彼女の原動力は、案外そういった身の回りのお気に入りからもらっているのかもしれない。

身近に持ち歩き、毎日使うものは、根気よく探してでも、お気に入りのものを見つけるようにする。これも、力強い元気の素になる。お気に入りのものは、持っていて楽しい。それを取り出し、使うたびに元気になれるではないか。

そういうわたしは、毎年、手帳にはこだわっている。お気に入りの手帳は、毎日開くのが楽しい。開くたびにワクワクする。ワクワクできるから元気になれる。

元気いっぱいに、スケジュールをこなしたくなるというものだ。

★自分を奮い立たせるために、モノでも占いでも、なんでも利用しよう。

かぜは、体と心の元気の敵

かぜは万病の元…というけれど、やはりかぜをひくだけで、元気がなくなる。のどが痛いのも嫌だし、咳をするのもしんどい。鼻水だって嫌だし、頭痛も熱が出るのも嫌。かぜをひくだけで、気分は憂鬱になるし、しんどいと、元気がなくなって当然である。できれば、かぜをひかないようにしたい。

かぜの予防はできる。わたしは、年間二〇〇日、家を空けている。そのほとんどの仕事が研修か講演である。ということは、かぜをひくだけで、たくさんの人に迷惑をかけることになる。

それどころか、部下にも「健康管理は、社会人の基本」と言っている以上、自分がかぜをひくなんてことは避けたい。だから、かぜをひかない努力を人一倍している。

そのために、必ず守っている習慣は三つ。

①常にビタミンCを欠かさない。

これは、主にサプリメントに頼っている。だけど、お医者さんに聞くと、ビタミンCをちゃんと摂っているだけで、健康管理には、結構役立つのは間違いないらしい。

②必ず帰ったらうがいをする。

これは、絶対に効く。ちゃんとうがいをする習慣を身につけただけで、かぜをひく回数は減った。

③危ないと思ったら、さっさと熱いお風呂に入って寝る。

やはり、休養は大切である。かぜの初期には、これがかなり役立っている。

健康管理は、社会人の責任である。できるだけかぜをひかない努力をするのは大切である。体の調子が悪いと、どうしても心の元気もなくなってしまう。

とは言え、これだけ努力をしていても、そこは生身の体である。わたしだって、かぜもひくし、「しんどい。嫌だ」と思う日だって、たくさんある。だけど、重要なのは、「かぜひいたから」と、かぜのせいにするんじゃなくて、普段から自分の健康を意識して、できるだけ、健康でいることである。そして、健康管理は自分でするものだと気づいて欲しい。

わたしは、かつて、本当にすぐに、「しんどい」を連発する人間だった。よく学校も休んだし、かぜもひいた。だけど、健康管理を意識するようになったら、本当にかぜをひかなくなった。もちろん、不可抗力な病気もたくさんある。だけど、かぜは、予防できる。

それは、わたしが自信を持って言える。体が元気だと心も元気でいられる。だからこそ、自分の体の元気は、しっかり責任を持って管理したい。

★自分なりの健康管理法を見つけ、きちんと実行しよう。

ホッとする場所を持とう

誰だって息抜きをしたいのは当たり前。だから、ホッとできる場所を持っておくといい。そこで、元気の充電をするのだ。近くの喫茶店でもいいし、公園のベンチでもいい。家の中のリビングでもいいし、庭でもいい。ここにいるとホッとするという場所をしっかり決めておこう。

ある知人は、必ず、通勤の途中の乗り換える駅で喫茶店に入る。ここで、ホッと一息つくと、「さっ、これから仕事だ」と、気合が入って、仕事モードに切り替わるらしい。彼にとって、乗り換える駅の喫茶店は、元気をチャージする場所である。

また、別の知人は、家を毎朝、予定より三〇分早くでる。そして、会社の近くの喫茶店でモーニングを食べて、ホッと一息つく。そして、そこで、その日の元気をチャージする。

子育て中の友人は、子供を幼稚園に送って帰ってくると、リビングのソファに座って、その日の気分のハーブティを入れて飲む。その一杯で、元気が復活してくるらしい。誰でもホッとする瞬間、ホッとする場所は必要なのだ。

仕事をしていると、どうしても煮詰まってくることがある。そんな時こそ、気分転換をしよう。会社を抜け出して、ホッと一息つくと、新しい考えが浮かんだりすることだって少なくない。

友人の一人は、煮詰まると、会社の近くの銭湯に行くという。そこで、お風呂につかって、ホッと一息すると、元気のチャージができるらしい。もっとも、これをできるのは、彼のキャラクターもあるし、仲間も理解があるからである。

わたしは、時間の余裕のある時は、ちょっと背伸びしてステキなシティホテルに泊まる。そして、ちょっとせこいけど、持参のコーヒーを入れる。BGMなどをかけてホテルの部屋で一息つくと、「元気になった!」という気分になる。


出張でも、たまには、奮発して、一人で温泉旅館に泊まる。ゆっくり温泉に入って、ポーっとしていると、いろいろと楽しいアイデアが浮かんでくる。このような場所は、人によって違うし、その時の気分によって違う。

だけど、自分がここにいるとホッとするという場所を持っていると、元気の貯金ができる。そんな元気を貯金できる場所を、普段の生活の中で持とう。

★それをいくつ持っているかで、心の余裕に差が生まれる。

育てる喜び・収穫する喜びってスゴイ！

わたしは、今のところ元気で毎日が楽しいけれど、これから先、もしも落ち込むようなことがあれば、農業をしようと思っている。もっとも、いきなり農業で生活しようなんて大それたことではなく、自分の家の庭でできることからするつもり。

わたしの周囲で、農作物作りを始めたメンバーはみな本当に楽しそうで、どんどん元気になっていく。その中の一人に理由を聞いてみたら、こんな答えが返ってきた。

「人は、最後、やっぱり、『育てる』ことに楽しみを見出すのよ。大谷さんは、人材育成なんていって人を『育てる』ということをしているからいいけど、普通の人には、なかなかそのチャンスがないでしょ。

でも、農業って『育てる』なのよね。ここにも『育てる』楽しさがあるのよ」

農業には、「育てる」楽しさがあるから、人が元気になるらしい。

また、別の友人が言った。彼女は、ニートやフリーターを集めて農業をしている。彼女の周囲には、元気に農業に打ち込む若者たちがたくさんいる。

「農業って、自分の存在価値がはっきりするの。自分が手間隙かけた分だけ、それが収穫に反映されるの。収穫の喜びってすごい達成感なのよ。わたしは、彼らに収穫する喜びを見つけてもらいたいの」

わたしの周囲の中小企業の社長でも趣味が農業という人は、結構いる。みんな、「スーパーで買ったほうが安いんだけどな」

などと言いながら、白菜にチャレンジしたり、トマトにチャレンジしたりと、すごく楽しそうである。自分と向かい合いながら、収穫の喜びを味わえるのが最高らしい。

こんな姿をいっぱい見ていると、きっと、農業には、「育てる」とか「収穫する」というキーワードと共に、人を元気にさせる力があるのだと思えてくるからだ。

★農業を始める時、一番簡単なのはさつまいもらしい。

私の日曜日

五時に起きて、六時に家を出て羽田空港に。本日から四日間ベトナムのハノイに。初めてのハノイ。目的は、日本の仲間がどんなことをハノイで展開しているかを視察。友人の一人、キヤノン電子の社長である橋元さんは、ベトナムに工場を立ち上げたメンバーのひとり。

「うちの工場も見るといいよ」

そう申し出てくださったので、キヤノン電子のベトナム工場の見学も予定に入れた。

日本の仲間が経営している焼き物の店。カフェ、ラーメン屋さん、そして、人材派遣や技能実習生と関わっている人達と会う予定。

羽田空港で、今回の視察に付いてくる、と言った三菱重工の大番美樹さんと待ち合わせ。

「ワクワクするね」

と二人で大盛り上がり。飛行機の中で、観たかった映画「ナラタージュ」を鑑賞。噂通り、めっちゃドキドキ、キュンの映画でした。

ベトナムのエンジニアを派遣する仕事をさ

れているプロエイムという会社の松本社長が車で迎えにきてくれる手はず。ところが、ベトナムのサッカーチームが帰国するのを迎えるファンとパレードの渋滞に巻き込まれたということで、「遅れます」と、メール。そういえば、空港には、サッカー選手のサポーターやファンでいっぱいだった。やっと松本社長と会えたけれど、市内までもまた大渋滞。おかげでハイヤーの中でゆっくり松本社長とお話しができました。

ホテルにチェックインして食事会。この食事会は、日本国内でベトナムの人の派遣をしている杉木社長を紹介するのも目的のひとつ。お互いに現地のスタッフも交えて情報交換。食事会は楽しく大盛り上がり。

明日からもどんな出会いがあるか、これから人生にどんなことが始まるか、とっても楽しみ。

エピローグ

どうですか？　読む前より、ちょっとは、ココロが、元気になった気がしますか？　申し訳ないけれど、いきなりココロが超元気になるものでもないし、少し元気になっても、人間、ちょっとした出来事でブルーになったり、落ち込んだりと、元気を持続させるのって、結構難しい。

でも、意識することが大切です。意識しているから、少しずつでもココロの元気が増えて、気がついたら「とっても楽しい人生を生きてる」ということになるんです。

吉本興業でタレントの世界を見たわたしだから言えること。それは、「売れたい」と思った人間しか売れないということ。「誰かが売ってくれる」と思っているタレントで売れるなんていなかった。

元気や幸せや楽しい人生も一緒。まずは、自分で「ココロを元気にしてハッピーになって、楽しい人生を送るんだ」と、思うことが大切。

そして、強く思っていると、必ず、自分の望んだ人生が手に入れられる。

そのお手伝いをこの本でできたら、わたしは、とっても嬉しい。

最後にぜひ、自分の元気を次ページのシートでチェックしてください。

八個以上○がついた人は、「ココロの元気が満タン」。

それ以下の人も、あせらなくてもだいじょうぶ。一日ひとつずつでも○を増やして行きましょう。

とにかく意識することが大切。

○がつかなかったところは、「なんでだろう？」と考えたらいい。思考を止めないでいたら、必ず、ココロが元気になって、ハッピーな人生がやってくる。

「人が生きる」と書いて「人生」死ぬまで、人生。

だからこそ、ココロの元気を満タンにして、楽しくてハッピーな人生にしちゃいましょう。

たった、一回きりの人生。みんなで、ステキなものにしましょう。

自分への問いかけ集

★生きてることを実感していますか？

★人に優しくしていますか？

★幸せですか？

★人のせいにしていませんか？

★人生を楽しんでいますか？

★人を楽しませていますか？

★余裕を持って生きてますか？

★ステキな笑顔をしていますか？

★文句ばかり言ってませんか？

★夢を見失っていませんか？

おわりに

心の元気にこだわって生きていると、仕事もプライベートもうまく行くようになった。何より日常生活の中でつまずいても、

「大谷さんといると楽しいね」

「大谷さんといると元気をもらえるよ」

と、周囲の人が助けてくれるようになった。

二七歳の時につくった会社は、一〇年ほどするとそれなりにうまく回り出した。その頃から、

「大谷さんに講演して欲しい」

「心の元気のつくり方の研修をして欲しい」

そんなことを頼まれるようになった。頼まれごとは、試されごと。そう思って引き受けているうちに、研修や教育の楽しさに気づいた。

「これもひとつの機会かも」

「会社を誰かに譲るなら、会社がうまく行っている時のほうがいい」

そう考えて、企画会社を右腕に譲る決心をした。わたしは、

「志のある人をつくる」

「志のある人を縁で結ぶ」

「志のある人を応援する」

そんな思いを込めて「志縁塾」という会社を新しく立ち上げた。

なぜ「志」にこだわったか。

会社を譲った頃、「これからどうしようかなあ」と、思っていた時に鹿児島の知覧商工会さんに講師として呼んでもらった。生まれて初めて知覧の特攻隊平和会館に行った。衝撃だった。

日本の素晴らしい未来を信じて、一〇代、二〇代の青年たちが特攻隊として散って行った。そんな彼らの遺書を一つずつ読んで行くうちに、わたしは、誓った。

「教育を通して、この国を明るくし、未来のある国にする」

そんなわたしに対して、多くの企業や、地方自治体が講師の仕事をくださった。そして、一方で

「自分の言葉で自分の思いや生き様を語ることができる経営者や講師をつくりたい」

と、「講師力」のトレーニングや「講演力」のトレーニングも始めた。そして、地域や企業の人材育成のお手伝いをさせてもらってきた。

「どんな人でも活かせるダイバーシティに通用する人をつくって欲しい」

「グローバル人材を育成して欲しい」

「モチベーションマネジメントの研修をお願いします」

様々なオファーに応えてきた。明るく元気に、楽しく、仕事をしてきた。

そんなわたしが二〇一一年三月一一日、どこに居たか。まさに、仙台だった。よく分からないまま、講演も中断となり、現場にいた仲間とタクシーを乗り継ぎ二四時間かけて東京まで戻った。三月一三日に高知での仕事があったので、そのことで頭がいっぱいだった。

無事に高知の仕事が終わった頃、東北の状況が伝わってきた。

「わたし、自分のことしか考えていなかったのかなぁ」

「東京に自分だけ戻ってきて良かったのだろうか…」

そんな時に、何人かの東北のメンバーから連絡が届いた。

「僕、五年前に大谷さんの研修を受けました。あの時、阪神大震災の話をされていましたよね。正直、僕が被災者になる日があるなんて思ってもいなかった。

今回、自分が被災者になった時に大谷さんの言葉を思い出したんです。いろいろ大変だけれど、心の元気だけは、忘れちゃいけないですよね」

そんなメッセージをいくつかもらった時、初めて、

「わたしが今までやってきたことは無駄じゃなかった」

と、少しだけ思えた。

「わたしは、生かしてもらっているのだろうか」

「いつ何があっても後悔しない生き方って何なのだろう」

いろんなことを考えた。その時、ふと、浮かんだのが、

「人生の中のいちばんのリスクってなんだろう」

おわりに

「やっぱり、やり残したことを持って死ぬことかもしれない」

「じゃあ、わたしがやり残していることは何だろう」

もっと、もっと、地域を元気にしたい。企業を元気にしたい。

そのためにも目の前の人を元気にしたい。

だからこそ、人の心の元気にとことんこだわりたい。

気合いと根性で元気になる時代じゃない。

だからこそ、元気になる方法や技術にもっともっとこだわりたい。

そう思って日々、活動している。

そんな中で、この「元気セラピー」が時を経てリニューアルさせてもらえることになった。今まで売り続けてくださった書店さん、KKロングセラーズの真船壮介常務、そして、編集担当をしてくださった富田志乃さんに心から感謝します。

ありがとうございます。これからもよろしくお願いします。

大谷由里子

人生って、本当にいろんなことが起きる。わたしは、ただ、毎日笑顔で楽しく生きていたいだけなのに、事件は現場で起きる。

信じていた人に突然裏切られたり、大切な人を亡くしたり、上手く行くと思っていたことが上手く行かなかったり、悲しいことや腹立つこともいっぱいある。そのたびに、

「自分にも原因があったのかなあ」

と、反省したり、

「でも、それは、ないよなあ」

と、悲しくなったり。

人の死は、特に考えさせられる。わたしの父は、自分のクルマで出勤途中に、飛び出て来た子供を避けようとして電柱にぶつかって、そのまま要介護「5」になってしまった。それから約四年の介護生活。子供なんて薄情なもの。最初は、

「とにかく助かって欲しい」

と、思ったはずなのに、三ヵ月も二四時間の介護生活をしている母を見ると、

「もう、いいかも……」

などという悪魔のささやきも出そうになる。そんな時に救われたのは、母の明るさと強さ。

「あんたらに迷惑かけへん。わたしが介護する」

「でも要介護5だよ」

「元々、要介護3みたいな人やったやん！」

母は明るく介護の日々を送るだけでなく、病院では、心身共に疲れている看護師さんの悩み相談にまで乗っていた。たまにお見舞いに行くわたしたちにも、いつも明るく、「つらい」「しんどい」という言葉を一言も言わなかった。

それどころか、父が亡くなった時には、

「介護くらい、いくらでもやってあげるのに、なんで死ぬのよ」

と、泣いていた。もっとも、今では、

「あれだけ介護したから、思い残すことはないわ」

と、自分の人生をエンジョイしている。（笑）

そんな母を見ていて、本当に「ココロの元気」って大切だと改めて思った。

元々、わたしが「ココロの元気」にこだわりだしたのは、阪神淡路大震災の後。あの日を境に、「昨日は、今日を保障するものじゃない。今日は、明日を保障するものじゃない」ということを思い知らされた。企画会社の社長をしていたわたしは、売上も仕事もなくしてどうしていいか分からなかった。でも、神戸まで行くと、神戸のメンバーが、冗談を言って笑わせてくれた。

笑っているうちにちょっとだけ元気になった。「笑われる」と「笑わせる」は違う。「笑われる」は、恥ずかしいことかもしれないけれど、「笑わせる」というのは、「相手を笑顔にさせる」ということ。「相手を元気にさせる」ということ。

そして、わたしは、とことん、「人のココロの元気づくり」を手伝いたくて、「志のある人をつくる」、志縁塾という会社を立ち上げた。嬉しいことに二六人の仲間が一〇〇万円ずつ出資してくれた。

そして、企業研修をさせていただきながら、講師の育成も手掛けるようになった。「大谷さんに賛同して」と、たくさんの講師志望の人が集まった。仕事がうまく回っている時は良くても、リーマンショックなどあって仕事が少なくなると、お金で離れていった講師も少なくない。それだけでなく、いきなり、わが社のお客さんに、「直接仕事をください」と、何の断りもなく営業した人たちもいた。

「なんでそんなことをするのだろう」

悲しくなった。

また、一方では、どんな時も一緒にいてくれる仲間や講師もいてくれた。

そんな仲間と笑顔が溢れる職場づくり、笑顔が溢れる地域づくり、笑顔が溢れる国づくりを目指している。二〇二〇年からのコロナ禍になって改めて思う。

「本気の笑いってなんだろう。本当の幸せってなんだろう」

そんなことを日本全国にいる研究員と、研究していきたいと思っている。

そして、たくさんの人の「笑い」と「幸せ」を応援したい。

笑いと幸せ研究所　大谷由里子

笑いと幸せ研究所

連絡先
〒五〇三-〇〇二三　岐阜県大垣市笠木町二七一-一
（有）志縁塾内
TEL　〇五八四-九一-八四五二　FAX　〇五八四-五一-九六六一
URL　http://www.yuriko-otani.com（大谷由里子の公式サイト ケセラセラ）
facebook　http://www.facebook.com/yuriko.otani.9

本書は平成一七年三月に弊社で出版した書籍を加筆改訂したものです。

新装版
元気セラピー
読むだけでやる気になる

著　者　大谷由里子
発行者　真船美保子
発行所　KK ロングセラーズ
東京都新宿区高田馬場 4-4-18　〒 169-0075
電話（03）5937-6803（代）　振替 00120-7-145737
http://www.kklong.co.jp
印刷・製本　中央精版印刷(株)

落丁・乱丁はお取り替えいたします。
※定価と発行日はカバーに表示してあります。
ISBN978-4-8454-5159-3　C0295　Printed In Japan 2022